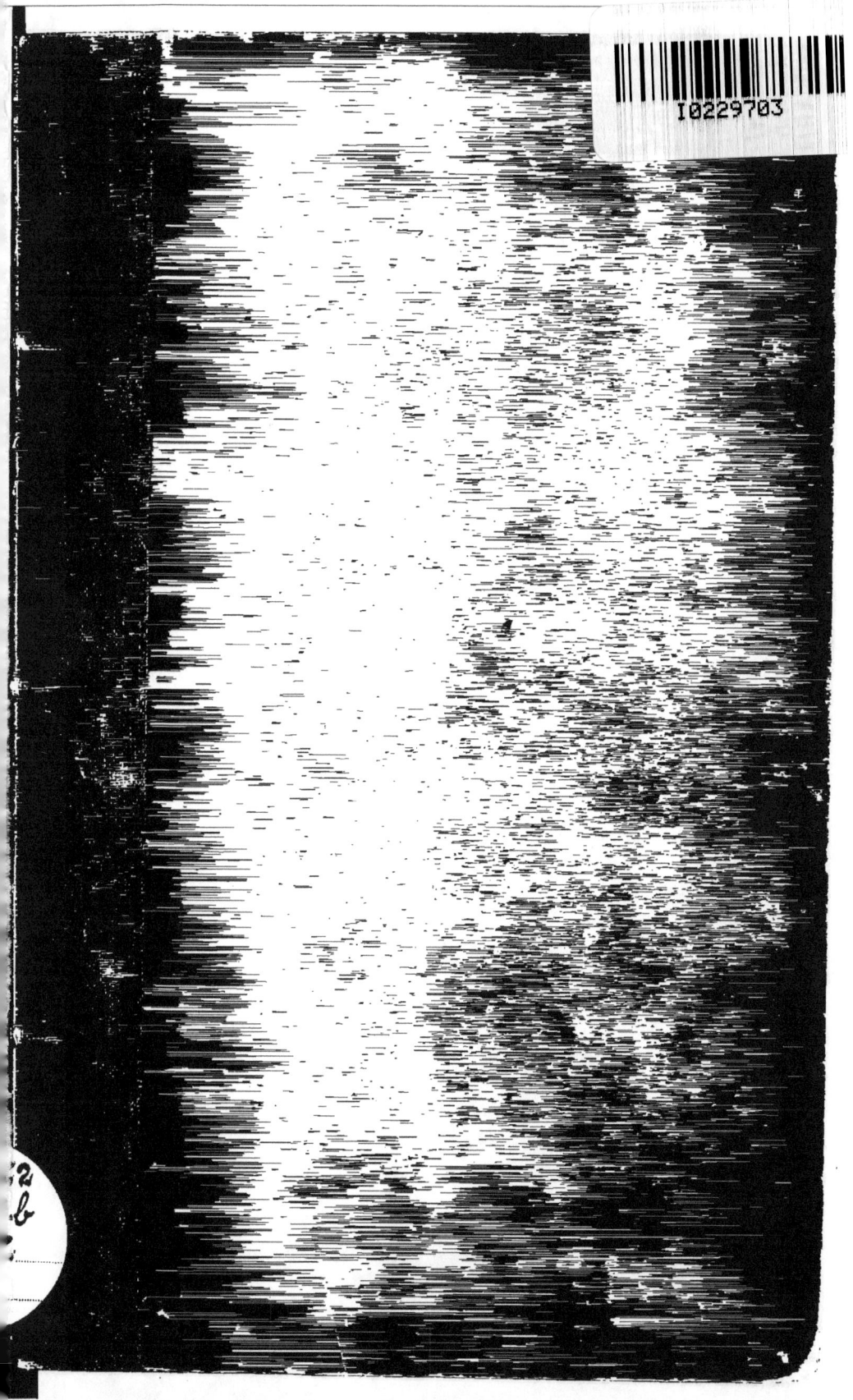

L 642.824.

MON EXAMEN DE CONSCIENCE

SUR

LE 18 BRUMAIRE AN 8,

(9 novembre 1799).

DE L'IMPRIMERIE DE DOUBLET.

MON
EXAMEN DE CONSCIENCE

SUR

LE 18 BRUMAIRE AN 8,
(9 novembre 1799).

Par M. SAVARY,

EX-MEMBRE DU CONSEIL DES ANCIENS, AU CORPS LÉGISLATIF;

A PARIS,

Chez BARROIS l'aîné, Libraire, rue de Seine, N°. 10, faubourg Saint-Germain.

―――

1819.

AVERTISSEMENT.

Le gouvernement directorial ne compte qu'une période de quatre années (1). Sorti du sein des orages de la Convention, il devait se préparer à lutter contre les factions intéressées à le détruire. Les événemens du 13 vendémiaire an 4 lui indiquaient le principal point d'attaque vers lequel il devait diriger sa défense. Il connut les projets de Clichy, il en prévint à temps l'exécution ; mais il n'échappa au naufrage, le 18 fructidor an 5, que pour venir expirer, le 19 brumaire an 8, sous les baïonnettes mises en mouvement, au nom de la Constitution, par quelques membres du Corps législatif réunis à deux membres du Directoire, qui se placèrent, eux et la fortune publique, sous la protection d'un général ambitieux, dont le nom seul réveillait toutes les idées de gloire militaire.

La première de ces époques, celle du 18 fructidor,

---

(1) Du mois de brumaire an 4 au mois de brumaire an 8 (novembre 1795 à novembre 1799).

est assez connue pour l'histoire. Les nombreux matériaux du temps et ceux que l'intérêt particulier et la vanité ont produits depuis, ne laissent rien à désirer.

Il n'en est pas ainsi des journées des 18 et 19 brumaire. La vérité était restée au fond du puits jusqu'à l'honorable profession de foi du président de la commission du Conseil des Anciens, qui, par la nature de ses fonctions, avait nécessairement le secret de ces journées, quoiqu'il n'eût peut-être pas celui du protecteur (1).

Guidé par cet exemple, j'ai pensé qu'il convenait de développer, par des faits et par des pièces officielles relatives à ces journées, un simple énoncé qui sans

---

(1) On a douté, après le 19 brumaire, si le premier Consul agissait pour satisfaire sa propre ambition ou pour remettre le pouvoir à un prince français. Cette dernière opinion s'est soutenue assez long-temps pour acquérir quelque vraisemblance. Voici une anecdote que M. le comte de Puisaye cite à ce sujet dans ses Mémoires. (*tom. III*, *pag.* 33). « Si les princes l'eussent voulu, il y
« a deux ans, disait en 1802 une personne qui était dans
« la politique du Consul, ils auraient fait de bonnes
« affaires avec Bonaparte; mais il n'est plus temps ».

cela pourrait laisser quelque obscurité. On reconnaîtra dans ces pièces que les terribles souvenirs de 93 ont été à cette époque, comme avant le 18 fructidor, le principal levier employé par les factions pour détruire le gouvernement représentatif en France.

Un motif plus puissant encore m'a déterminé : celui de contribuer à effacer des feuilles qui doivent servir à l'histoire, cette note d'infamie attachée aux noms de soixante-et-un mandataires du peuple exclus, comme *assassins*, du Corps législatif, par vingt-cinq ou trente de leurs collègues. S'ils sont justifiés, j'aurai rempli la tâche que je me suis proposée.

Paris, le 1er. septembre 1819.

SAVARY.

TABLE.

	Pages
LETTRE à M. Cornet, ancien représentant du peuple au Corps législatif...	1.
Biographie des hommes vivans.	43.

N°. 1. *Rapport fait au nom de la commission des Inspecteurs du Conseil des Anciens* . . . . 51.
N°. 2. *Motion faite en suite du compte rendu par la commission des Inspecteurs.* 52.
N°. 3. *Projet de décret.* . . . . 53.
N°. 4. *Projet d'adresse aux Français.* . . . 54.
N°. 5. *Proclamation du général en chef aux soldats.* . . . . 55.
N°. 6. *Proclamation du général en chef à la garde nationale sédentaire de Paris.* . . . . id
N°. 7. *Extrait de la Notice historique sur le 18 brumaire, par M. Cornet.* . 56.
N°. 8. *Discours du président du Conseil des Cinq-cents, aux troupes.* . . . . . 57.
N°. 9. *Extrait du procès-verbal du Conseil des Cinq-cents.* . . . . 38.
Procès-verbal du Conseil des Anciens, séance du 19 brumaire. . . . . 71.

FIN DE LA TABLE.

A M. CORNET,

ANCIEN REPRÉSENTANT DU PEUPLE AU CORPS LEGISLATIF (1).

Grace à vous, Monsieur, l'opinion est enfin fixée sur le 18 brumaire an 8 (9 novembre 1799). Comme président de la commission du Conseil des Anciens, à cette époque, il vous appartenait de prendre l'initiative dans cette circonstance : vous l'avez fait, et vous avez en cela rempli un devoir que l'honneur vous prescrivait, et que vos anciens collègues, indignement outragés, avaient droit d'attendre de vous. Puissent ceux qui siégent encore à vos côtés imiter votre exemple !

La lecture de votre intéressante Notice historique (2) a réveillé tous mes anciens souvenirs, per-

---

(1) En me reportant au 18 brumaire an 8, je crois parler à mon ancien collègue du Conseil des Anciens, et j'espère qu'il ne trouvera pas mauvais que je laisse de côté des titres qui n'appartiennent point à cette époque.

(2) Notice historique sur le 18 brumaire, par le président de la commission des inspecteurs du Conseil des Anciens,

mettez-moi de les joindre aux vôtres et à ceux de M. Bigonnet (1), dont les réflexions me paraissent aussi sages que judicieuses. Je les dois à mes anciens commettans, et je vous en fais l'hommage. Peut-être y trouverez-vous quelques vues nouvelles que vous n'avez pas pu saisir, parce que vous n'êtes arrivé au Corps législatif qu'en l'an 6 (20 mai 1798).

Je dois encore repousser les calomnies attachées à mon nom, dans ces Biographies dont vous parlez à la fin de votre Notice, quelque méprisables que soient ces productions et leurs auteurs ; mais, pour ne pas vous ennuyer de ces dégoûtantes diatribes, je les séparerai de notre entretien : elles seront l'objet d'un article particulier à la suite de cette lettre.

Cette tâche m'impose l'obligation de dire quelque chose de mon caractère, de mes habitudes et de mes principes. Sans doute vous y reconnaîtrez des traits de bizarrerie ; je le vois d'avance par ce passage de votre Notice (pag. 19).

« Tous les hommes que le premier Consul a associés
« à son pouvoir ne pouvaient prospérer qu'à l'aide
« de sa toute-puissance, aussi l'ont-ils tous secondé ;
« les honneurs et les richesses ont été le prix de leur

---

alors le citoyen Cornet, représentant du peuple, aujourd'hui le comte Cornet, pair de France. Paris, 1819.

(1) Coup d'état du 18 brumaire, par M. Bigonnet, représentant du peuple, membre du Conseil des Cinq-cents, exclu le 19 brumaire an 8. Paris, 1819.

« asservissement extérieur. Il est si doux de se voir
« entouré, sollicité, flatté ; de pouvoir répandre
« des bienfaits sur sa famille et ses amis ; de marcher
« vers l'opulence et la grandeur, quoiqu'elle ne soit
« souvent que relative ; il n'y a que ceux qui, soit
« par défaut de moyens, soit par la fatalité des cir-
« constances, ne peuvent pas participer à tous ces
« avantages, qui répandent sur eux une teinte
« sombre, et s'arment d'une grande austérité de ca-
« ractère et de principes. .... »

Cela peut être vrai en politique, Monsieur ; mais mon sort est fixé, et je ne suis plus d'âge à réformer mes vieilles habitudes. En parlant de moi, mon intention n'est nullement de critiquer les opinions ni la conduite de qui que ce soit.

J'ai toujours aimé la retraite et cette indépendance qui sait respecter les bornes tracées par la loi. Un serment, pour moi, fut toujours un devoir impérieux et sacré. Je n'ai point connu les tourmens de l'ambition, et je ne flattai jamais le pouvoir.

Nommé adjudant-général le 15 brumaire an 2 (5 novembre 1793), je reçus au mois de messidor suivant (juillet 1794), époque d'une nouvelle organisation de l'armée, l'avis de ma réforme ; je répondis à la neuvième commission de la guerre :

« Je vois avec plaisir que le gouvernement trouve
« des défenseurs plus zélés que moi, et j'obéis de
« bon cœur.

« Je ne demande aucun grade, aucun emploi,
« autre que celui de soldat. »

C'était sans doute une erreur de bureau ; car peu de jours après je reçus des lettres de service datées du 25 prairial (13 juin 1794).

Le 23 vendémiaire an 4 (15 octobre 1795), le président de l'assemblée électorale du département de Maine-et-Loire m'écrivit que l'assemblée m'avait élu député de ce département. J'étais éloigné du lieu des séances. A la réception de la lettre du président, je fis la réponse suivante :

« Je reçois à l'instant le procès-verbal que vous « m'adressez de ma nomination au nouveau Corps lé-« gislatif.

« Je ne me crois pas propre à faire un législateur. « C'est un aveu sincère que je fais ici à mes conci-« toyens, à la France entière !

« O mes concitoyens ! vous qui m'appelez à des « fonctions si difficiles à remplir, fixez votre choix « sur des hommes qui puissent faire le bonheur des « Français : moi je n'en ai malheureusement que le « désir.

« Je donne ma démission, et je prie l'assemblée « de l'agréer ».

Le président me fit connaître le vœu de l'assemblée, par une lettre ainsi conçue :

« J'ai mis sous les yeux de l'assemblée la lettre que « vous m'avez adressée, et portant votre démission « de la place qu'elle vous avait confiée dans le nou-« veau Corps législatif. Elle a unanimement refusé « d'accepter votre démission, qui ne lui paraît fondée

« sur aucun motif valable. Comme elle ne l'attribue
« qu'à votre délicatesse et à votre modestie, elle me
« charge de vous inviter de nouveau à vous rendre
« promptement à Paris pour vous y réunir à vos col-
« lègues.

« L'assemblée a une entière confiance en vous,
« et compte assez sur votre dévoûment et votre pa-
« triotisme pour être persuadée que vous vous ren-
« drez au vœu de vos concitoyens ».

C'est ainsi que je suis arrivé au Corps législatif.

Etranger à toute intrigue, je me réfugiai à Chaillot, où je pouvais vivre isolé, avec ma famille, uniquement occupé des devoirs que m'imposait le serment que je venais de prêter, de maintenir de tout mon pouvoir la constitution de l'an 3, reconnue par le peuple Français. Je n'ai jamais varié, ni dans mes habitudes, ni dans mes principes, tant que j'ai été lié par les fonctions qui m'avaient été confiées, et j'ai voulu conserver mon opinion libre et indépendante, en refusant de paraître dans aucune société populaire, ainsi que dans les salons du pouvoir. Voilà, Monsieur, ce que j'ai toujours été, et cette position m'a permis d'observer et de réfléchir. On ne m'accusera pas aujourd'hui d'ambition, car je ne suis pas éligible.

Venons maintenant à votre Notice historique.

Il ne faut pas croire que l'événement du 18 brumaire ait été l'effet du hasard ou le résultat d'un plan du moment. Cet homme extraordinaire qui, à la tête des armées françaises, frappa d'étonnement et d'admiration l'univers entier, cet homme qui ne sut jamais mettre de frein à son ambition, serait peut-être parvenu au pouvoir dès l'an 5, s'il eût été secondé, selon ses désirs, par des officiers-généraux qu'il avait envoyés pour surveiller et diriger le mouvement du mois de fructidor (4 septembre 1797); il y serait arrivé plus tard, si son âge ne l'eût pas éloigné du Directoire; il ne lui restait donc, pour satisfaire son ambition, qu'à employer la violence : c'est ce qu'il a fait, aidé de quelques membres du Conseil des Anciens, la plupart trompés.....Vous êtes, Monsieur, de ce nombre.

M. Bigonnet qui, dans cette circonstance, a fait preuve d'un grand caractère, n'étant arrivé, comme vous, au Corps législatif qu'en l'an 6, n'a pas pu juger les événemens antérieurs. Je vais vous dire ce que j'en ai su dans le temps.

La réunion de Clichy, en l'an 5, avait pour but le renversement du gouvernement de l'an 3; personne n'en doute. Elle aurait vraisemblablement réussi dans ses projets, si elle avait pu s'entendre sur le gouvernant qu'elle voulait substituer au Directoire, et surtout si elle avait mis dans ses intérêts le général qui commandait l'armée d'Italie; mais elle était divisée en trois partis qui ne voulaient rien céder de leurs prétentions réciproques.

De son côté, le général dont je viens de parler, en envoyant au Directoire les drapeaux de la garnison de Mantoue, au mois de ventose an 5, avait chargé confidentiellement celui qui devait les présenter de diriger le mouvement, de s'en rendre maître, et de l'appeler, s'il était possible, au Directoire. Il devait, en tout cas, faire nommer B..., qui lui était dévoué. Aussi a-t-on vu, à l'approche du 18 fructidor, une foule d'adresses arriver de l'armée d'Italie.

En énonçant des faits, je dois dire comment ils sont venus à ma connaissance.

En l'an 5, le ministre de la police m'écrivit pour m'inviter à passer chez lui le matin ; je me rendis à son invitation. Là, il me parla de la situation critique où se trouvait le Corps législatif, ainsi que le Directoire ; il me donna des détails qui s'accordaient parfaitement avec tout ce que je voyais, tout ce que j'entendais. Il me fit part de tout ce qui se passait à Clichy. Peut-être s'aperçut-il que je me tenais sur la réserve..... « Si vous en doutez, me dit-il, lisez ces rapports.. » Je connus ainsi la réalité de ces projets que d'autres entrevues me confirmèrent de plus en plus.

Quant aux projets du général en chef, j'en ai entendu raconter tous les détails, en messidor an 7, par celui-là même qui avait reçu la confidence, et cela en présence des frères du général en chef et de leur compatriote S....

Ces détails fixèrent d'autant plus mon attention que déjà l'aîné des frères, devenu mon collègue au Conseil des Cinq-cents, à son retour de Rome, au mois de pluviose an VI (23 janvier 1798), m'avait témoigné le désir de voir le général appelé au Directoire, comme une récompense due à ses services. Sur mon observation que le général n'avait pas l'âge fixé par la constitution, et que si une semblable proposition était faite, je serais le premier à m'y opposer de tous mes moyens, il m'assura qu'il n'en serait plus question. Du moins, ajoutait-il, il conviendrait de donner à l'armée un témoignage flatteur, en faisant nommer au Directoire le général B...., l'ami, le compagnon d'armes du général en chef. — Je pense, lui disais-je, que l'armée a besoin de la présence des généraux qui commandent la victoire, et qu'ils sont plus utiles à leur poste qu'au Directoire. — On finissait par demander que l'on fît la proposition d'accorder au général une grande récompense nationale, en assurant d'avance qu'il la refuserait ; je répondais que l'on ne devait élever de monumens qu'à la mémoire des hommes qui avaient constamment servi leur patrie. Tout cela s'était passé dans des entretiens de confiance.

Je présume que le Directoire avait eu connaissance de ces faits, comme on le verra dans la suite.

Cependant le 18 fructidor arrive. Le ministre de la police avait été éloigné depuis environ deux mois ; je n'avais aucune relation avec le nouveau ministère, et je n'eus aucune connaissance de l'événement qui se préparait, que le 17, à neuf heures du soir. Un employé de la police se présente, demande à me parler en particulier, et m'invite de la part du ministre à ne pas coucher à Chaillot, et à chercher un asile sur la rive droite de la Seine. Je lui fais quelques questions, point de réponse, il part... Tout le monde était dans l'attente d'un mouvement prochain : quel en devait être le résultat ? Je l'ignorais.

Dans cette perplexité, je me rappelle ces cris qui se faisaient entendre jusque dans les corridors de la salle du Conseil des Cinq-cents : « *Voilà la grande « liste des Représentans du peuple qui doivent être « pendus dans quinze jours.* » Mon nom pouvait s'y trouver, la menace pouvait se réaliser ; il n'y avait pas de gloire à se faire pendre, je m'éloignai.

Cette journée du 18 fructidor renversa les projets de Clichy, et ne répondit pas à l'attente du général en chef.

Je ne parlerai point des mesures qui furent prises alors, elles m'étonnèrent ; je ne sais si elles pouvaient être meilleures, mais je sentais qu'il fallait terminer une lutte dans laquelle devait succomber l'un ou l'autre parti.

Les proscriptions m'ont toujours révolté, et je fus le premier à demander la radiation d'un jeune militaire que je connaissais très-peu. Cette demande eut le succès que j'en attendais ; et si le lendemain je reçus de lui une lettre dans laquelle il me témoignait son mécontentement de ce que j'avais pris sa défense, ajoutant qu'il se trouvait fort honoré de voir son nom à côté de celui de P...., j'attribuai cette sortie à un moment d'égarement, et je gardai le silence....Quelques autres radiations eurent lieu ensuite.

Ce qui peut-être m'affligea le plus, ce fut l'annullation des opérations de quarante-neuf assemblées électorales. Que de germes de mécontentemens semés dans toute la France, et que pouvait-on attendre des nominations de l'an 6!...

Cependant le traité de Campo-Formio arrive; il est transmis au Conseil des Cinq-cents, le 5 brumaire an 6 (26 octobre 1797), par le Directoire qui, le même jour, nomme le général de l'armée d'Italie au commandement en chef de l'armée d'Angleterre.

Cette précipitation à désigner un nouveau poste au général ne me frappa pas d'abord, quoique déjà je me fusse trouvé membre d'une commission chargée d'examiner un traité qui contrariait les intentions et le plan du Directoire, mais que la renommée du général, l'empire qu'il avait sur son armée, et le besoin de la paix, mettaient dans la nécessité d'approuver.

Le mois de frimaire an 6 fut signalé par les fêtes qui furent données en l'honneur du vainqueur d'Italie. J'avoue qu'à celle qui eut lieu le 30 frimaire (20 décembre 1797), je vis de la contrainte et de la dissimulation plutôt qu'une gaîté franche.

Bientôt le bruit se répandit que l'expédition d'Angleterre n'était pas du goût du général : cependant on parlait toujours de grands préparatifs. Enfin je connus la destination de cette expédition par la confidence que m'en fit, peu de temps avant son départ, un collègue que j'estimais beaucoup, et qui m'avait appris à connaître les mœurs de la Corse. Je le priai fortement de me confier le soin de son fils pendant son absence. L'enfant ne voulut jamais se séparer de son père; ils ont péri ensemble à Aboukir sur le vaisseau *Lorient*.

Je ne sache pas que le projet de l'expédition d'Egypte, substitué tout-à-coup à celui de l'expédition d'Angleterre, ait encore été avoué par son auteur; mais je ne crois pas qu'il ait été conçu, ni présenté par le Directoire qui, dans cette circonstance, a cru devoir l'adopter, pour éloigner un 18 brumaire. Cette conjecture s'éclaircira sans doute par la suite.

Depuis le 18 fructidor, quelques actes du Directoire avaient éveillé l'attention du Conseil des Cinq-cents. Il régnait déjà entre les pouvoirs une espèce de défiance qui présageait l'orage. Le moment critique des élections de l'an 6 n'était pas très-éloigné; on sentit la nécessité de se rapprocher et de s'entendre. Je reçus l'invitation de me rendre un matin au Directoire, où je me trouvai réuni à quelques membres des deux Conseils. Je fus enchanté du motif de cette réunion; on parla avec calme, avec abandon, et il fut convenu que l'on se réunirait le matin à des jours fixes. Je promis de m'y trouver exactement, et je tins parole.

C'est dans ces conférences que je me suis convaincu que le Directoire était instruit des projets du général, et qu'il redoutait sa présence; cependant, comme les explications à ce sujet n'ont pas été très-directes, je laisse à ceux qui gouvernaient alors, le soin de dévoiler ce mystère.

Malheureusement il se trouvait parmi nous quelques députés dont la mission touchait à son terme, et qui me semblaient caresser l'avenir en flattant le pouvoir. Un jour j'en fus indigné au point de dire aux directeurs : « Vous avez des ennemis, je le crois; mais « vous n'en avez point de plus dangereux que *tel* et

« *tel* qui viennent de parler. Je vous dois la vérité, la
« voilà toute entière; je déclare au surplus que vous
« ne me verrez jamais mendier ni grâce, ni faveur ».

Enfin arrive la crise de la vérification des assemblées électorales de l'an 6. Le Directoire ne tarda pas de connaître l'opinion de la majorité de la commission chargée de l'examen des procès-verbaux du département de la Seine, dont je devais être le rapporteur. Je fus invité à passer au Directoire. Après une explication assez longue, on finit par me dire que j'étais l'ennemi du Directoire; je répondis que l'arbitraire lui ferait mille fois plus d'ennemis qu'une marche simple et constitutionnelle, et qu'il me trouverait toujours prêt à le seconder pour le maintien de la constitution.

Le rapport fut fait, et deux jours après parut le projet de résolution sur la vérification en masse; on en connaît le résultat.

Vous jugez bien, Monsieur, que mes relations avec le Directoire cessèrent dès ce moment; j'en fus affligé, parce que je connaissais les intentions des Directeurs qui se trouvaient à nos réunions. Si dans cette circonstance j'ai éprouvé un sentiment pénible, mon indignation ne s'adressait qu'à ceux qui, par peur ou par intérêt, flattent le pouvoir et le conduisent à sa perte. C'est à de semblables intrigues que j'ai attribué la surveillance de la police sur mes actions.

Un individu se présente un matin chez moi et demande à me parler; il entre, regarde autour de lui et me dit : « Vous serez sans doute étonné du motif

« de ma visite, mais je ne peux résister au besoin de
« vous le faire connaître. Cependant comme cette dé-
« marche peut me priver de la seule ressource qui me
« reste pour vivre, promettez-moi le secret. — Si
« votre secret, lui répondis-je, est de nature à com-
« promettre le gouvernement, gardez-le, je ne veux
« pas le connaître; s'il ne concerne que moi, vous
« pouvez vous expliquer avec la plus grande liberté. »

Il m'apprit alors qu'il était agent de la police; que depuis quelque temps il était chargé de surveiller ma maison, où l'on prétendait qu'il se faisait des rassemblemens; que n'ayant jamais vu venir personne chez moi, il était indigné du rôle qu'on lui faisait jouer. En même temps il tira de sa poche l'ordre qu'il avait reçu du chef de la police, et me le présenta. — Vous pouvez, lui dis-je en lui remettant ce papier, être bien tranquille sur votre secret : il est déjà oublié. Je vous plains d'être réduit à faire un semblable métier; mais vous venez de me donner une preuve de confiance à laquelle je dois répondre en vous invitant à continuer votre surveillance; les portes de ma maison vous seront ouvertes la nuit comme le jour.

Ici, Monsieur, commence votre carrière législative.

Lucien, nommé par le département du Liamone, fut admis au Conseil des Cinq-cents, peu de jours après la masse, par une résolution particulière. Le général était parti pour son expédition d'Egypte; je ne connaissais pas encore ses projets sur le 18 fructidor, mais j'en savais assez pour craindre son ambition. Je n'avais vu Lucien qu'une seule fois avec Joseph ; il ne dit pas quatre paroles. Je le jugeai mal et je crus qu'il ne pouvait pas être dangereux pour la liberté. J'avais confiance en Joseph avec lequel je m'expliquois assez librement; je lui promis d'appuyer la nomination de son frère, que l'on eût pu attaquer avec quelque succès. Il ne se trouva donc aucune opposition, et l'admission de Lucien, d'une voix unanime, fut une espèce d'hommage rendu à la réputation militaire du général. Quelques mois après, son attitude et ses discours me le firent juger bien différent de ce qu'il m'avait paru d'abord. Les événemens qui se succédaient ne le servaient que trop bien.

Le 1.er frimaire an 7 (21 novembre 1798), je fus nommé président du Conseil. Je déclarai que ma santé ne me permettait pas d'accepter; on refusa de nommer un autre président, il fallut obéir. Mais en même temps, je pris la résolution de ne me rendre à aucune de ces invitations bannales de dîners, de fêtes, etc., moyens de séduction offerts à la vanité d'un jour par l'intérêt de tous les momens. Je connaissais l'usage des invitations aux présidens : le mois de ma présidence fut un temps de retraite rigoureuse.

Le 1.er ventose an 7 (19 février 1799) je reçus du président des directeurs l'invitation de me rendre au Directoire le lendemain matin. On ne me disait point le sujet de ce rendez-vous; j'étais souffrant, je refusai, je l'ai regretté depuis. Voici ma réponse :

« Je suis très-sensible à l'invitation que vous me
« faites. Depuis long-temps ma santé délabrée ne m'a

« guère permis de sortir : cependant je commence à
« être moins souffrant.

« Une seule pensée m'occupe constamment, c'est
« la situation de la République. Permettez-moi de
« vous faire part de quelques réflexions que je ne
« dois à aucune impulsion étrangère, et qui sont le
« fruit de mes observations particulières.

« L'approche des élections, je le sais, a été jus-
« qu'ici et sera encore long-temps peut-être l'époque
« des intrigues et des agitations. J'en suis fâché pour
« le bonheur de mes concitoyens ; aussi n'aura-t-on pas
« à me reprocher de figurer parmi les ambitieux et les
« intrigans, lorsqu'on saura que j'ai pris le parti de ne
« point écrire dans mon département, trois mois
« avant les élections ; lorsqu'on saura que je n'ai ni
« désiré, ni demandé de venir au Corps législatif ; et
« surtout lorsqu'on réfléchira que l'assemblée élec-
« torale qui m'avait nommé refusa d'agréer la démis-
« sion que je lui avais adressée.

« Je rappelle ces circonstances de ma vie politique,
« parce qu'une longue expérience des hommes m'a
« appris que la calomnie hypocrite et sourde par-
« vient quelquefois à empoisonner les actions les plus
« pures. Au reste, je compte assez sur l'estime des
« membres du Directoire, pour croire que l'on
« me donnerait les moyens de repousser la calom-
« nie, si elle s'exerçait à mes dépens.

« Je vais actuellement m'expliquer franchement et
« sans passion sur ce que j'aperçois autour de moi.

« J'ai dit plusieurs fois au Directoire qu'il existait

« dans le Corps législatif quelques individus, en très-
« petit nombre, contre lesquels l'opinion s'était pro-
« noncée; mais j'ai ajouté, et je dis encore, qu'ils
« n'ont aucune influence dans les Conseils. Je dis
« plus, c'est que, parmi ceux-là mêmes, j'en connais
« que l'on calomnie d'une manière atroce, en les pré-
« sentant comme les ennemis de la constitution et
« du gouvernement.

« J'ai dit plusieurs fois, et je dis encore que, de
« tous les ennemis, les plus dangereux sont ceux qui,
« prenant tous les masques et n'écoutant que des pas-
« sions haineuses ou leur intérêt particulier, cher-
« chent sans cesse à environner, dans l'ombre, leurs
« collègues ou leurs concitoyens, des soupçons du
« crime, au lieu de les attaquer et de les combattre
« ouvertement. Oh! qu'il est difficile de gouverner
« avec de pareils élémens, sans être exposé à com-
« mettre des erreurs et des injustices! Delà des plain-
« tes, de l'aigreur, des reproches, des animosités; on
« en vient enfin au point de désigner comme enne-
« mi du gouvernement quiconque aura émis telle ou
« telle opinion. C'est ce que je vois par la lecture
« des trois ou quatre derniers numéros du journal *le*
« *Surveillant;* c'est ce que je lis sur certaines physio-
« nomies du Conseil. Cet état est pénible, il m'afflige,
« parce que je sens que les éternels ennemis du gou-
« vernement chercheront à en profiter. Il serait ce-
« pendant facile, ce me semble, d'y remédier par la
« confiance que les premiers pouvoirs se doivent ré-
« ciproquement. Malheur à ma patrie, si des journa-

« listes et leurs *échos* présentent impunément, à la
« République entière et à nos ennemis extérieurs, le
« Corps législatif comme composé en grande partie
« d'ennemis du Gouvernement.

« J'ignore au reste si, comme on se plaît à le répé-
« ter, il existe des partis dangereux dans le Corps
« législatif : je n'en vois aucun ; je les combattrai par-
« tout où on me les fera connaître ; mais ce que je
« vois de bien positif, c'est qu'on trompe souvent le
« Directoire et sur les personnes et sur les choses.

« Je désire que ces réflexions puissent être utiles :
« elles sont l'expression de ma conviction intime et
« du désir de servir ma patrie ».

Jusqu'ici rien n'annonçait encore le projet d'attaquer les membres du Directoire.

Le 1.er prairial an 7 (20 mai 1799), je passai au
Conseil des Anciens.

Nous voilà, Monsieur, réunis, vous et moi, dans
la même enceinte.

Bientôt les revers de Schérer en Italie furent le
prélude d'une accusation contre le Directoire ; il fallait en écarter surtout les deux Directeurs qui connais-
saient les projets du général, et qui auraient pu les
contrarier. Ils consentirent à donner leur démission,
pour éviter un déchirement qu'ils redoutaient. L'é-
lection d'un troisième directeur, qui s'était réuni à
eux, venait d'être annulée. Je ne doute pas que si le
général se fût trouvé en France à cette époque, on
ne l'eût appelé à la dictature, car déjà on parlait de
la nécessité d'un dictateur. Je ne doute pas non plus

que tout ne fût disposé d'avance pour son retour, au premier avis qu'il recevrait.

Le Conseil des Anciens ne pouvait que rester spectateur dans cette lutte; et si, le 30 prairial, je proposai la permanence, c'est que je craignais une explosion subite, dont le résultat pouvait être plus funeste.

Ce fut dans le mois suivant que j'entendis dérouler les projets dont j'ai déjà parlé sur le 18 fructidor. Les détails en furent tellement circonstanciés, qu'il ne me fut plus permis d'en douter; aussi celui qui les avait donnés ne fut-il pas mis dans la confidence du 18 brumaire, mais il sut se rattacher à cette journée.

L'éloignement du général me rassura. Je ne prévoyais pas la possibilité de son retour; je savais comment se faisait la correspondance par terre, mais ce ne pouvait être un objet d'inquiétude.

L'établissement d'une société, dans la salle du Manége, ne tarda pas de donner lieu à cette grande dénonciation civique d'un de nos collègues. J'étais loin d'approuver une semblable réunion dans l'enceinte du Conseil; je m'étais expliqué clairement à ce sujet avec quelques membres de la commission, qui avaient mis le local du Manége à la disposition de cette société; mais lorsque j'entendis cette philippique imprévue, dirigée principalement contre des représentans, je cherchai à deviner quel pouvait en être le but, et j'en parlai à Baudin qui se trouvait à côté de moi. J'avais en lui toute la confiance que peut inspirer l'estime et l'attachement. Après quelques explications, je lui dis que je ne voyais, dans un semblable discours, que des germes de discorde dont on devait craindre les suites, et que j'allais demander la parole, s'il pensait qu'il n'y eût pas d'imprudence à le faire. Voici sa réponse : « *Soyez toujours vous-même* ».

Vous vous rappelez, Monsieur, quel fut l'étonnement du Conseil, en comité général, lorsque le dénonciateur, sommé de présenter des preuves écrites, alla chercher de vieux chiffons sur lesquels on avait tracé à la hâte quelques noms, la plupart estropiés. Vous vous rappelez sans doute l'indignation qui éclata alors...; quant au Manége, personne n'éleva la voix pour s'opposer à ce qu'il fût fermé.

Cette séance fit naître des soupçons sur l'existence d'un parti tout prêt à abjurer la constitution, en criant que d'autres voulaient la détruire. On parla alors de réunion, de concorde, de dévouement à la constitution.

Pour rendre la prestation du serment plus auguste, et en rappeler chaque jour la sainteté, on venait d'arrêter « qu'il serait dressé au-dessous et vis-
« à-vis de la tribune du Conseil des Anciens, un autel
« en forme antique, sur lequel devait être placé le
« livre de la constitution de l'an 3, et que chaque
« membre prononcerait son serment, en posant la
« main droite sur ce livre sacré.... » Il n'était pas alors question de serment judaïque.

On se félicita d'approcher du moment où chacun, en son âme et conscience, donnerait cette nouvelle preuve d'oubli du passé et d'attachement à la consti=

tution. Ajoutez à cela les nouvelles favorables des armées, l'énergie du ministre de la guerre, etc., tout concourait à rétablir dans le Conseil des Anciens le calme et la confiance. J'y pus croire un moment.

Il n'en était pas ainsi au Conseil des Cinq-cents. Il fallait tenir les passions en haleine. On parlait de prononcer un acte d'accusation contre les membres sortis du Directoire ; on trouva au dehors, comme c'est la coutume, des délateurs tout prêts ; on agita fortement la question de la déclaration des dangers de la patrie. Lucien, qui, selon toutes les apparences, ne croyait pas le moment favorable pendant l'absence du général, sut calmer les esprits, en disant dans la séance du 28 fructidor an 7 (14 septembre 1799): « Il existe « une loi qui est encore en vigueur, c'est celle qui « met hors de la loi quiconque porterait atteinte à la « sûreté de la représentation nationale. *Cette loi, n'en* « *doutez pas, si un attentat se machinait, serait* « *exécutée....* »

Ma tranquillité, au Conseil des Anciens, ne fut pas de longue durée. La fin de l'année approchait, et l'on ne parlait pas de loi de finances pour l'an 8. Le Conseil des Cinq-cents avait pris une résolution ; la commission des Anciens tardait à faire son rapport, elle le fit pourtant en comité général ; mais elle se contenta d'établir deux questions, sans donner aucun avis, aucune solution : ce qui laissa le Conseil dans la même position où il se trouvait avant ce rapport.

Pour réveiller l'attention de mes collègues, je me hasardai à prononcer une opinion, dans laquelle je

disais : « Nous touchons à la fin de l'an 7: il faut né-
« cessairement des finances pour l'an 8, le Corps
« législatif seul peut les décréter : il perdrait la Ré-
« publique s'il ne le faisait pas très-promptement ; sa
« volonté ne peut être enchaînée par la négligence du
« Directoire exécutif, la constitution l'a sagement
« laissé indépendant à cet égard ; il faut donc qu'il
« agisse, qu'il remplisse ses devoirs pour le salut com-
« mun, ou qu'il se perde avec la République, etc. »

La commission parla de formalités et s'en tint là.
Le rapport sur les finances ne fut annoncé que le 18
brumaire, pour la séance de Saint-Cloud.

Cette inaction me rappela tous les obstacles que la
Trésorerie avait élevés, à différentes époques, pour
entraver la marche et les opérations du Directoire, et
je commençai à craindre de nouveau.

La découverte annoncée dans la séance du 9 vendémiaire an 8 (1.er octobre 1799) de circulaires
imprimées, par ordre des commissions des deux
Conseils, pour la convocation d'une assemblée extraordinaire, vint augmenter mes craintes ; la nouvelle du
retour imprévu du général, annoncée le 22 du même
mois, m'expliqua tout, et je crus entendre le dernier
soupir de la liberté ; son arrivée à Paris, deux jours
après, ne me laissa plus d'espoir.

Tout était prêt, il ne s'agissait plus que de distribuer les rôles, ce qui ne fut pas difficile.

Je dois cependant dire, pour l'honneur de quelques
officiers-généraux, qu'ils répondirent à l'appel qui leur
fut fait par le généralissime, que s'il s'agissait de main-

tenir la constitution et le gouvernement établi, on pouvait compter sur eux..... Ils furent écartés.

Je n'assistai point au dîner du 15 brumaire, fête dont la contrainte, la défiance et la dissimulation devaient faire tous les frais. Cependant on s'attendait à une explosion prochaine ; on avait dit aux deux directeurs qui n'étaient pas dans le secret : « La barrière qui vous sépare de la peste a été franchie arbitrairement, c'est un crime à punir..... Agissez promptement, ou vous êtes perdus, et avec vous la République.... — Quelle apparence, répondit l'un d'eux? Une lettre du général m'annonce qu'il viendra me demander à dîner tel jour sans cérémonie, etc. »

Voilà, Monsieur, ce qui explique la *bonhomie* de ce directeur dont vous parlez (pag. 17) ; il eut la bonne foi d'y croire, il n'était pas habile au jeu des intrigues.

Enfin arriva le 18 brumaire. Je ne me portais pas bien, et cependant je me rendais exactement aux séances du Conseil. Un aide-de-camp du Directoire entre dans ma chambre sur les neuf à dix heures du matin ; j'étais au lit, contre ma coutume. Il me dit qu'il est envoyé pour m'inviter à me rendre au Directoire ; que le commandant de la garde du Directoire a emmené sa troupe, sous prétexte de la faire manœuvrer ; que deux des directeurs sont partis pour se rendre aux Tuileries, où l'on tient une séance extraordinaire; que la cour et les avenues du Luxembourg sont gardées par des troupes de ligne, qui tiennent en charte-privée les trois autres directeurs;

Enfin il me nomme le commandant de ces troupes....
J'eus, je l'avoue, peine à le croire......

Je répondis à l'envoyé qu'il était trop tard, et qu'il fallait savoir subir son sort quand on n'avait pas su l'éviter.

Je me hâtai de me rendre aux Tuileries ; la séance extraordinaire était levée depuis long-temps. Je fus témoin de tout l'appareil militaire qu'on y déployait ; j'appris qu'en vertu d'un arrêté du Conseil des Anciens, les deux Conseils devaient se transporter le lendemain à St.-Cloud, et que toutes les troupes de ligne, la garde nationale et *la garde du Corps législatif* étaient à la disposition du général. Il ne manquait plus que d'y comprendre la garde du Directoire ; mais on craignit sans doute d'éveiller les soupçons, et voilà pourquoi on préféra de la faire venir *incognito* aux Tuileries.

Les proclamations affichées avec tant de profusion, le mouvement des troupes, l'agitation de tous les intrigans qui voyaient un coup de fortune pour eux, les félicitations des uns, les inquiétudes des autres, tout cela ne permit plus la moindre réflexion. On ne se rappela, ni au Conseil des Anciens, ni à celui des Cinq-cents, que le commandement de la garde du Corps législatif ne pouvait être confié à aucun individu qu'en vertu d'une loi ; qu'un simple arrêté d'un Conseil qui n'avait pas l'initiative n'était pas une loi ; enfin que la proposition de mettre un général à la tête de la garde du Corps législatif avait été rejetée à différentes époques. C'était la doctrine constante de celui qui, dans la séance extraordinaire, présenta les divers arrêtés à la suite de votre discours. Ce qui m'a le plus surpris, dans toute cette manœuvre, c'est que ce collègue officieux était, en l'an 6, un des membres les plus assidus de notre réunion pacifique au Directoire; qu'il ne pouvait pas ignorer l'ambition du général, et qu'à cette époque il s'était offert à faire, en cas de troubles, la proposition de transférer les Conseils et le Directoire dans un lieu qui fût désigné, pour la sûreté et la tranquillité du gouvernement.

Quoi qu'il en soit, Monsieur, vous avez bien fait de ne pas confier à l'orateur du 8 thermidor le soin de persuader le Conseil par des phrases; il avait perdu tout son crédit dans le comité général.

Je dois remercier la commission de m'avoir compris au nombre des cinquante ou soixante membres, plus ou moins, qui ne reçurent point de lettres de convocation. Je me serais à coup sûr perdu, sans aucune utilité pour la chose publique, ou le dénouement eut été connu un jour plus tôt. Je dois même dire que, dans cette circonstance, le général eut tort de ne pas agir aussitôt qu'on lui eut livré la force armée, les Conseils, le Directoire, tous les pouvoirs enfin. En différant au lendemain, il avait beaucoup de chances à courir, et il dut s'en apercevoir un instant à St.-Cloud. Machiavel lui eût-il pardonné cette faute?

J'allais sortir des Tuileries pour regagner ma demeure (à cette époque rue St.-Dominique), lorsque je rencontrai un de vos collègues de la commission, auquel j'étais très-attaché, pour ses mœurs simples, douces, et par le souvenir d'amitié que je conservais à la mémoire de son frère, général dont on a peu parlé, parce qu'il a péri trop tôt au champ d'honneur ; citoyen d'une probité, d'une modestie, d'une délicatesse et en même temps d'une bravoure peu commune. Nous nous entretînmes quelque temps ensemble. Je lui fis quelques questions sur ce qui venait de se passer, et sur ce qui devait se faire à St.-Cloud. Il me répondit qu'il n'était pas assez instruit pour me satisfaire à cet égard ; mais qu'il me conseillait, à raison de ma santé, de me dispenser d'aller à St.-Cloud. — « Mon devoir m'y appelle, lui dis-je alors ; « et si je ne peux m'y rendre à pied, ni en voiture, « je m'y ferai porter ». Nous nous quittâmes ainsi de bonne amitié.

Le même jour, je rencontrai dans la rue un autre de nos collègues qui, je crois, siége encore avec vous. Je renouvelai auprès de lui mes questions, et je ne pus obtenir aucune réponse positive. Il me dit seulement : « *Nous savons bien* que vous n'appartenez à « aucun parti, et que vous ne dites que ce que vous « pensez ; mais dispensez-vous d'aller à St.-Cloud. »

Il paraît que ces deux collègues n'ont pas été initiés fort avant dans la confidence, puisqu'ils n'ont été chargés d'aucun rôle apparent.

Je rentrai chez moi pour me livrer au repos plutôt qu'au sommeil.

La police de la garde du Corps législatif m'avait été

confiée assez long-temps, lorsque j'appartenais au Conseil des Cinq-cents. J'avais fait porter cette garde à douze cents hommes, de huit cents qu'elle était. Beaucoup d'officiers me devaient leur avancement; mais dans aucune circonstance, je n'ai cherché à leur en rappeler le souvenir.

Le seul militaire de la garde, qui vint habituellement chez moi, était un sous-officier de mon pays, qui m'était fort attaché, et qui, dans les différentes crises, ne voulait pas se séparer de moi. Il est aujourd'hui capitaine en retraite. Il me prévint, dans la matinée du 19, qu'une partie seulement de la garde se rendait à Saint-Cloud; que l'on avait choisi, pour former ce détachement, les hommes les plus disposés à une obéissance passive; qu'on avait eu soin de les bien *régaler;* que le reste de la garde était consigné, et qu'il était du nombre de ces derniers.

J'arrive à Saint-Cloud : la cour était un véritable camp; infanterie, cavalerie, artillerie, état-major nombreux, rien ne manquait à l'attirail militaire. On peut dire que si la représentation nationale était menacée, comme on l'avait annoncé avec tant d'emphase, elle se trouvait, dans ce moment, bien gardée, puisqu'elle était cernée de tous les côtés.

Je parcourais des yeux tout cet appareil, lorsqu'un officier de la garde, qui se trouvait près de moi, me dit à voix basse : « *Soyez tranquille, et comptez sur nous* ». Je le fixai sans rien répondre. Le souvenir de l'affreuse guerre de la Vendée, dont j'avais été témoin et victime, était toujours présent à ma pensée.

J'entre dans une des pièces destinées au Conseil des Anciens; j'y trouve un assez grand nombre de nos collègues qui se demandaient les uns aux autres quels étaient les grands dangers qui menaçaient la représentation : personne ne pouvait répondre à cette question. On me fit la même demande ; je répondis que c'était à ceux qui avaient été appelés à la séance extraordinaire, à m'instruire de ces dangers; mais que je croyais qu'on nous avait convoqués à Saint-Cloud pour *l'enterrement de la constitution*.

Le général se promena seul pendant quelque temps dans cette salle ; personne ne fut tenté de s'approcher de lui : il avait l'air fort inquiet. Il passa dans la galerie, où je le suivis des yeux, il s'arrêta devant cette devise : *Nec pluribus impar;* il y vit son étoile.

Enfin, on annonce l'ouverture de la séance, chacun se rend à son poste; le premier objet qui me frappa, parce qu'il n'était pas ordinaire, ce fut de voir des factionnaires, la baïonnette au bout du fusil, dans l'intérieur de la salle, aux deux côtés de la porte....

Cependant on donne lecture du procès-verbal, non pas de la séance extraordinaire, mais de celle du 14. Je me lève et je demande la parole, on me dit qu'il n'est pas encore temps; on fait lecture de différentes autres pièces. Des voisins qui commençaient à craindre m'engagent à ne point parler ; j'insiste de nouveau et me voilà à la tribune (1). Je demande que l'on donne

---

(1) Comme cette séance a été rapportée d'une manière plus ou moins inexacte dans les journaux du temps, sans

lecture du procès-verbal de la séance extraordinaire, à laquelle je n'ai pas été convoqué, ou du moins que la commission reproduise à l'instant les motifs du décret qu'elle a proposé.

Un orateur, celui qui avait partagé avec moi les inquiétudes du Directoire, combat ma proposition... « *Il serait inconvenant et impolitique de donner l'éveil aux hommes qui mettent la patrie en danger*, etc.»

La discussion s'engage, une foule de nos collègues se plaignent de n'avoir point reçu de lettres de convocation pour la séance extraordinaire.

Un honorable membre de la commission avoue (en son âme et conscience) qu'il en a été *distribué* pour tous les membres, sans exception; puis il s'étonne que l'on paraisse encore douter d'une conspiration dont tous les Français sont convaincus.... La commission n'a pas hésité à se dévouer pour le salut de la représentation nationale.... Elle ne doit s'expliquer que quand les dangers seront entièrement passés..... Si les mécontens voulaient ouvrir les yeux, *ils verraient la conspiration dans les circonstances qui les entourent.*

---

en excepter le Moniteur, j'ai pensé qu'il convenait de reproduire, à la suite de ce récit, le procès-verbal de cette journée, la seule pièce qui m'a paru s'écarter le moins de la vérité; il sera précédé d'un extrait du procès-verbal du Conseil des Cinq-cents, ainsi que du discours du président de ce Conseil prononcé au milieu du camp, et répandu avec tant de profusion. Ces pièces appartiennent essentiellement à l'histoire. Je tairai les noms des acteurs, l'histoire les recueillera.

L'orateur avait raison, c'était aussi ce que l'on voyait.

Cependant ce raisonnement ne satisfit pas l'auditoire, on persista à demander des explications.

La position devenait embarrassante; on n'avait peut-être pas prévu que les réclamations pussent aller si loin, au milieu d'un camp. Un grand nombre de nos collègues, souvent trop confians, mais dont les intentions droites et pures se faisaient toujours remarquer, et qui conservaient un sentiment religieux pour leur serment, commençaient à murmurer. Il était difficile de se tirer de là; on ne pouvait pas appuyer la conspiration sur les efforts d'un Directoire qui n'existait plus, puisque deux des directeurs avaient abandonné leur poste dès la veille, et se trouvaient à la suite de l'état-major du généralissime; qu'un troisième avait adressé sa démission au Conseil, et que les deux autres étaient prisonniers dans leurs palais.

Dans cette position, un orateur monte à la tribune et prouve, par sa harangue, que la commission ne peut donner de renseignemens que lorsqu'on aura fait deux messages, l'un au Conseil des Cinq-cents, et l'autre au Directoire, et qu'on en aura reçu la réponse. *Vous savez*, ajouta-t-il, *quelles suites désastreuses pourrait entraîner l'oubli de ces notifications!!!*

Malgré de si bonnes raisons pour avertir un Directoire, auquel on eut dû notifier la veille les arrêtés pris dans la séance extraordinaire, un Directoire qui n'existait plus, ainsi que tout le monde le savait, quoique le président eût refusé de remettre le sceau qui lui était confié, la discussion continua et s'anima au point que le président déclara qu'il ne mettrait *rien aux voix, jusqu'à ce que le calme fût rétabli et la liberté des opinions entière.*

On finit de guerre lasse, par suspendre la séance, jusqu'à ce que le Conseil des Cinq-cents eût fait connaître, par un message, qu'il était réuni en majorité dans la commune de Saint-Cloud. On reçut même, à point nommé, une lettre du secrétaire-général du Directoire, conçue en ces termes:

« Le messager d'état que vous venez de charger des
« lois ci-jointes, me les a présentées. Je n'ai pu les
« recevoir, parce que quatre membres du Directoire
« ayant donné leur démission (ce qui était faux) et
« le cinquième ayant été mis en surveillance, par ordre
« du général en chef, chargé par le décret d'hier de
« veiller à la sûreté du Corps législatif, il ne se trouve
« pas de Directoire...... »

Personne ne fut dupe de cette lettre. La séance fut suspendue à quatre heures, chacun se leva mécontent. Cette foule de collègues, dont j'ai déjà parlé, était indignée des suites du piége qu'on leur avait tendu dans la séance extraordinaire. Je dis à ces estimables collègues : *Vous avez ouvert trop tard les yeux, il n'est plus temps.*

Je terminerai ici, Monsieur, cet exposé succinct, parce que je n'ai pu assister à la fin de la séance, ainsi que vous le verrez par la suite.

Je ne veux accuser ni les événemens, ni les hommes, pas même celui qui crut dédommager le peuple Français de la perte de sa liberté, par l'éclat de la gloire militaire.

J'ai toujours respecté les opinions de mes collègues; je les ai combattues, lorsqu'elles me semblaient tendre au renversement de la constitution et à la violation des lois : rentré dans la classe ordinaire de citoyen, j'ai gardé le silence ; mais je pense, comme vous, qu'il est du devoir de l'honnête homme de détromper ses concitoyens, et de transmettre à la postérité la vérité toute entière. L'histoire redira avec vous, pour justifier la mémoire des mandataires du peuple, calomniés et proscrits à Saint-Cloud :

« Un certain nombre de députés du Conseil des
« Cinq-cents erraient çà et là dans les appartemens de
« Saint-Cloud, dans les corridors, dans les cours.
« Ils étaient des expectans, ils avaient le secret de la
« tentative, et voulaient en tirer parti.

« Alors, on insinua à ces membres du Conseil des
« Cinq-cents de se former en assemblée : ils étaient
« *vingt-cinq ou trente*. On fabriqua un projet de
« loi qui est celle du 19 brumaire an 8. Le Conseil
« prétendu des Cinq-cents le délibéra; il fut apporté
« à celui des Anciens, qui était intact, et la loi fut
« votée par la minorité; la majorité était morne et
« silencieuse (1) ».

Cette profession de foi, d'une âme honnête et courageuse, en dit plus que tous les commentaires que je pourrais faire sur les procès-verbaux et les actes de cette journée. J'ajouterai seulement que je n'ai eu

---

(1) *Notice historique*, etc., pages 15 et 16.

aucune connaissance que les patriotes, et surtout le directeur Moulin, eussent fait au général des propositions pour détruire la constitution. Il est vrai que le général eut presque honte de le nommer; mais il fallait tirer la commission de l'embarras où elle se trouvait, et le nom de Moulin, alors prisonnier, vint à propos pour servir les projets.

Je reprends, Monsieur, le récit de ce qui m'est particulier.

Après la suspension de la séance, j'allai déposer mon manteau; je me promenai quelque temps dans les salles voisines, et j'eus la curiosité de voir par moi-même ce qui se passait au Conseil des Cinq-cents. J'arrivai à la porte de l'orangerie au moment de la plus grande rumeur. On criait de tous côtés, *hors la loi...* Je vis que l'on n'avait pas oublié la remarque imprudente de Lucien dans la séance du 28 fructidor précédent, dont j'ai déjà parlé. « Il existe une loi qui « est encore en vigueur, c'est celle qui met hors de « la loi quiconque porterait atteinte à la sûreté de « la représentation nationale. Cette loi, n'en doutez « pas, *si un attentat se machinait*, serait exé- « cutée »…. C'était bien ici le cas de l'application.

L'agitation était très-vive, et j'attendais le résultat de cette crise, lorsque j'aperçus le général, soutenu par deux grenadiers. Il était pâle, morne, la tête un peu penchée... Je ne peux pas dire l'impression qu'il éprouvait alors; tout ce que je sais, c'est qu'il passa avec ses conducteurs tout près de moi, et que je ne vis ni armes, ni poignards dirigés contre lui. Je le suivis à peu de distance; il entra dans la chambre du comité de direction, où se tenaient quelques personnages que vous avez nommés. Je rencontrai près de là un autre des principaux directeurs de cette journée. Je le connaissais assez pour ne pas craindre de lui parler librement. Notre entretien fut bientôt interrompu : on vint le chercher pour se réunir à la direction.

J'ai dit que j'étais indisposé, j'avais besoin de prendre quelque chose pour me soutenir : il n'y avait pas de *provisions de bouche* au camp; la séance était suspendue au Conseil des Anciens. Je me rendis, avec un de mes collègues, chez un restaurateur. Nous revenions à notre poste, lorsque nous aperçûmes, à peu de distance de la grille, un grand nombre de députés des Cinq-cents qui descendaient l'avenue. Le premier individu que je rencontrai était un de ces êtres toujours prêts à se vendre pour de l'argent. Je m'empresse de lui demander ce qui se passe, il me répond en riant : *La farce est jouée...* Le lendemain, j'avais, dans son journal, les honneurs d'un article bouffon qui donna lieu, quelques jours après, à une belle adresse d'un député de mon nom à ses commettans.

Je me présente à la grille, un factionnaire m'arrête par un... *on ne passe pas...* Ce n'était point un grenadier. Je lui présente ma médaille... *On sort, mais on n'entre pas...* La baïonnette avait parlé, il fallut obéir. J'avais heureusement une voiture qui m'attendait, et je regagnai tristement ma demeure avec mon compagnon, dans la persuasion que tout était fini.

Le soir, vers les neuf heures, un employé de la police se présente et demande à me parler en particulier. Je lui dis qu'il peut s'expliquer librement devant ma famille. Il hésite, puis il dit : « Il ne serait pas prudent « de passer la nuit chez vous, on ne sait pas ce qui peut « arriver ; je suis chargé de vous en prévenir... » Cet employé m'était peu connu, je craignis que ce ne fût un piége ; mon absence de ma demeure pouvait être un prétexte pour me comprendre dans une intrigue de faubourgs. « Je vous remercie de votre dé-« marche, répondis-je alors ; si la police a besoin de « moi, elle me trouvera dans mon lit ». Je ne prévoyais pas que l'on devait dresser, quelques momens après, une liste de proscrits, dont les noms étaient déjà sans doute recommandés au ministère de la police. Le mien pouvait être inscrit sur la liste fatale ; j'ai su depuis que j'y avais été porté, pour avoir ouvert la discussion. C'était déjà un motif, mais il y en avait un autre, peut-être plus puissant : c'est qu'après une explication assez vive que j'avais eue, peu de temps auparavant, avec celui qui a présenté cette liste au Conseil des Cinq-cents, j'avais fini par lui dire qu'entre les *Camille* et les *Washington*, il s'était écoulé des siècles. Cependant j'ai su que ma radiation n'avait pas souffert de difficulté au comité.

Le lendemain matin, j'appris que l'on avait affiché une liste de proscrits ; j'ignorais si mon nom s'y trouvait, j'allai m'en assurer moi-même. Là, au milieu d'un groupe de curieux, j'entends nommer plusieurs députés arrêtés et renfermés à la Conciergerie. Je prends aussitôt la résolution d'aller les visiter et leur procurer les secours dont ils pouvaient avoir besoin. Je rentre chez moi, et sur les onze heures je me rends à la préfecture de police. Le secrétaire-général P..., que j'y trouve, me représente qu'une semblable démarche peut me compromettre : il m'engage à différer de quelques jours ; j'insiste, il consulte ses collaborateurs, et me remet enfin l'autorisation que je demandais. J'arrive à la prison, le concierge entr'ouvre le guichet, je lui présente le papier dont j'étais porteur ; le bruit des verroux se fait entendre, la porte s'ouvre et se referme. — « Que demandez-vous ? me dit le « concierge d'un ton brusque et élevé ». Pendant ma réponse, il regardait autour de lui. — Il reprend du même ton, *on va les faire venir.* — Il donne ses ordres à un de ses agens qui était près de lui, et lorsque nous sommes seuls, il me dit à voix basse : « *J'ai vu votre nom, je ne vous connaissais pas, je suis bien aise de vous voir ; mais de la discrétion, il y a ici des moutons* ». Puis il reprend d'un ton élevé, en indiquant du doigt la loge des conférences : *Passez là...* C'était sous les verroux qu'il fallait aller chercher l'accent de la pitié !... ils arrivent.... Si vous eussiez été à ma place ; si vous aviez été témoin de cette scène déchirante et consolante tout à la fois, scène que je laisse à retracer aux victimes du moment, ah ! Monsieur, vous n'auriez pas dit dans votre Notice que *le 18 brumaire était, pour tout bon observateur, la première secousse politique, depuis* 1789, *qui n'avait pas eu un caractère de persécution et de vengeance.*

Je sais, Monsieur, qu'en excluant de la représentation nationale, pour *excès et attentats*, c'est-à-dire suivant l'ordre du jour, comme des assassins, soixante-un de ses membres, dont huit à dix des Anciens, vous n'aviez pas l'intention de les persécuter ensuite; mais déjà tout le pouvoir était échappé de vos mains, et vous étiez livrés à la discrétion d'un pouvoir absolu. Vous n'avez pas sans doute connu les suites de la journée de Saint-Cloud, je vous en félicite. C'était une conséquence naturelle de la loi portant *que les braves généraux, officiers et soldats, qui avaient couvert leur chef de leurs corps et de leurs armes, avaient bien mérité de la patrie.*

Eh! qui put douter de ces attentats? tous les journaux en parlaient; on voyait chez tel général une collection de poignards, même des poignards d'Egypte, des pistolets, etc., trouvés dans la salle du Conseil des Cinq-cents, après l'évacuation. On avait sous les yeux ce fameux discours, prononcé au milieu du camp, par le président de ce Conseil, discours imprimé et répandu avec tant de profusion....

Bientôt il ne fut bruit que du brave *Thomé*, grenadier de la garde, qui avait reçu dans la manche de son habit un coup de poignard destiné au général. Peut-être, Monsieur, le croirait-on encore, si ce fait n'avait été démenti depuis peu à la tribune, par un député qui fut autrefois mon collègue, et dont j'ai toujours singulièrement estimé le grand caractère de franchise et de loyauté : c'est nommer M. Dupont de l'Eure.

Je rappellerai sur ce fait une anecdote du moment; la voici :

Le sous-officier de la garde, dont j'ai déjà parlé, vint me faire part le lendemain, ou deux jours après, qu'un de ses camarades, qui se trouvait à St.-Cloud, venait d'éprouver un de ces coups de la fortune auquel il ne s'attendait pas. Il racontait, d'une manière fort plaisante, qu'il avait été mandé chez le général; que là, il avait appris qu'il avait sauvé la vie au général, en recevant le coup de poignard qui lui était destiné; qu'il méritait une récompense; que madame.... lui avait d'abord fait le cadeau d'une belle bague; qu'on allait lui donner une pension; qu'il serait fait officier, et qu'il fallait qu'il se disposât à partir.... Il ajoutait, en riant, qu'il était fort heureux pour lui d'avoir déchiré la manche de son habit, en passant auprès d'une porte.

Si quelqu'un doute de ce récit, je peux le faire répéter par celui qui me l'a rapporté. Je n'ai point de relation avec lui, mais je sais qu'il existe, cela suffit. Il est des faits qui ne s'échappent point de la mémoire.

Revenons, Monsieur, aux proscrits. Plusieurs avaient cherché un asile chez leurs amis; d'autres étaient renfermés chez eux, livrés à de cruelles inquiétudes. Ils m'ont vu près d'eux, aussitôt que j'ai connu leur retraite. Un pair peut vous l'attester pour sa part. Les uns allèrent se courber devant le pouvoir, les autres s'en éloignèrent; chacun prit sa direction, suivant ses principes : chacun fit bien.

Pour moi, Monsieur, mon parti fut bientôt pris. J'écrivis de suite à mon département que ma carrière législative était terminée, sans rien dire de plus. J'ignore si ma lettre est parvenue à sa destination ; car depuis cette époque toute correspondance a cessé pour moi, et je n'ai pas revu le département de Maine-et-Loire.

J'avais des amis, ils m'ont fait des offres de service; j'aurais pu d'un mot me préparer un avenir brillant : je ne l'ai pas dit ce mot, et vous ne m'avez sûrement pas vu au nombre des *honnêtes gens qui allèrent le lendemain soir chez les nouveaux Consuls exiger le prix de leur défection, et qui l'obtinrent.*

Peut-être avez-vous pu y rencontrer le député de mon nom au Conseil des Cinq-cents qui, le 24 brumaire, fit imprimer et distribuer aux deux Conseils une belle adresse à ses commettans. En voici le début, je tairai le reste.

« Un journaliste a dit : *Savary, accompagné de deux de ses collègues, s'est écrié le 19 brumaire, dans l'avenue de St.-Cloud : O ma patrie ! la république est perdue.*

« J'ignore si le fait est vrai ; ce que je sais, c'est
« qu'il m'est étranger ; que cependant un grand nom-
« bre de mes concitoyens me l'attribue, et que
« chaque jour on m'adresse mille questions sur les
« motifs qui m'ont fait concevoir d'aussi grandes in-

« quiétudes sur un événement qui, en général, fait
« naître d'aussi grandes espérances.....

« Que des hommes inquiets se plaisent à recher-
« cher dans l'histoire les exemples de César, de
« Cromwel, etc.: pour moi, j'aime à reposer mes
« pensées sur un exemple plus consolant et plus ré-
« cent, celui de Washington ».

Cette adresse pouvait me compromettre; mais son auteur voulait une place, ou bien il avait peur : je gardai le silence.

Je suis tenté de croire, Monsieur, qu'il est une fatalité attachée à certains noms.

Je pouvais, comme vous voyez, être arrêté, incarcéré, grâces à l'adresse dont je viens de parler.

Au mois d'avril 1816, à mon passage à Nancy, lorsque je venais tranquillement avec ma famille jouir de ma retraite à Paris, en vertu d'une autorisation ministérielle, je suis mandé à la police, où l'on me fait subir un interrogatoire, dont je n'apercevais pas d'abord le but. Le commissaire m'apprend enfin que mon nom, porté sur mon passeport, avait frappé l'attention de monsieur le préfet; que je pouvais être l'ancien ministre de la police, ou son parent, ou son ami, enfin que sait-on ? le préfet l'avait chargé de s'assurer de ma personne, s'il y avait lieu, et de me faire escorter jusqu'à Paris, où l'on pourrait vérifier les faits. Il me fallut prouver, par lettres ministérielles, et par gens notables de la ville, que je n'étais qu'un pauvre inspecteur aux revues, admis à la retraite pour raison de services militaires non interrompus, et venant tout bonnement de Metz, lieu de ma résidence depuis quelques années.

Nous finîmes, le commissaire et moi, par rire de cette petite scène *impromptu ;* mais je commençais à me défier de mon nom. Il mit sur mon passeport un visa qui devait m'épargner de nouvelles méprises en route. Je le quittai sans songer à lui demander s'il était d'usage d'aller remercier monsieur le préfet de son obligeance : c'est peut-être un tort de ma part.

Arrivé à Paris, je reçus deux jours après une invitation de me présenter au bureau de l'état-major de la place, *pour affaires qui me concernaient.* Je m'y rendis de suite, armé de toute ma correspondance ministérielle. — Nouvel interrogatoire... Après différentes questions sur la famille, les liaisons et toutes les formalités d'usage, mon *questionneur,* muni de mes papiers, passa dans une pièce voisine. Un quart-d'heure après, il reparut et me remit ces papiers, en me disant : *Vous pouvez être désormais tranquille : je viens de faire rayer votre nom du contrôle des surveillances.*

Je croyais, Monsieur, qu'il ne serait plus question de moi ni de mon nom ; mais voilà que je me retrouve plongé tout entier dans le cloaque infect de la Biographie moderne.

Pardonnez-moi, Monsieur, cette digression : je reviens aux suites du 18 brumaire.

Après cette journée, je continuai à me rendre exactement au bureau des distributions que j'ai conservées comme un monument précieux pour l'histoire.

Enfin, arrive la constitution nouvelle du mois de frimaire an 8; un registre était ouvert pour l'acceptation, on me le présente: je réponds que mon vœu sera celui du peuple.

Vient ensuite le procès-verbal de l'élection des membres du Sénat, du Corps législatif et du Tribunat.

Il ne me serait pas difficile d'indiquer, dans la nomenclature des élus, le petit nombre de ceux qui étaient d'avance dans le secret de la journée de St.-Cloud; mais il suffit que vous ayez justifié vos anciens collègues: le passé doit rester dans l'oubli.

Il est des hommes dont l'ambition inquiète ne sait jamais se fixer; ce qu'ils ont ne leur suffit pas, ce qu'ils perdent les révolte. Un de ces êtres, principal instrument du 18 brumaire, m'aborda, après l'acceptation de la constitution, dans le parc de St.-Cloud, où je m'étais retiré pour ma santé. Il ne tarda pas à se plaindre des suites funestes de cette journée, qu'il regardait comme le tombeau de la liberté. Il en appelait au patriotisme...... Je l'interrompis, en lui disant: « Que ceux « qui ont fait le 18 brumaire agissent comme bon « leur semblera. Dégagé de mon serment, je n'ai plus « rien de commun avec eux. » Et je le quittai.

Le Gouvernement avait décidé que le traitement d'activité serait payé aux militaires qui ne faisaient plus partie du Corps législatif; je vivais tranquille dans mon isolement, lorsque je reçus ma nomination dans le corps des inspecteurs aux revues. Il fallut obéir. Je n'ai dû mon avancement dans cette carrière qu'à l'ancienneté. Il existe, à la Chambre des pairs, trois anciens militaires qui peuvent rendre compte de ma conduite aux armées, tant avant que depuis le 18 brumaire. J'ai ma retraite, je ne demande rien, et je finis par souhaiter, comme vous, que *l'on sache mettre à profit la leçon du malheur.*

Depuis le 18 brumaire, je n'ai vu aucun de mes anciens collègues que lorsque le hazard m'a rapproché d'eux; c'est une suite de mes habitudes solitaires, et non du regret ou de quelque resssentiment particulier.

Je crois en avoir dit assez pour assigner les causes du renversement du Gouvernement au 18 brumaire.

Je ne regarde pas, comme la première de ces causes, l'ambition du général qui, depuis l'an 4, n'a pas cessé d'aspirer au pouvoir absolu. Il n'y serait jamais parvenu s'il n'avait pas trouvé, dans le Directoire et dans les deux Conseils, quelques hommes trompés ou vendus, puissamment secondés par les manœuvres de la Trésorerie.

La principale cause des événemens doit se rattacher aux élections *de commande* qui ont eu lieu en l'an 6, et aux mutilations qu'on leur a fait subir ensuite. Le vœu de la nation a été méconnu: elle s'est séparée du Gouvernement dont la chûte ne devait plus, dès ce moment, former un problème.

Agréez, Monsieur, l'assurance de toute mon ancienne estime.

P. S. Si, dans ce récit, il a pu m'échapper quelques erreurs, je m'empresserai de les reconnaître. Je ne prends comme vous, Monsieur, que la vérité pour guide.

BIOGRAPHIE DES HOMMES VIVANS.

A Paris, chez L. G. MICHAUD, Libraire-Editeur.

Avec cette épigraphe :

On doit des égards aux vivans, on ne doit aux morts que la vérité.

Pour donner une idée de cette compilation et de ses auteurs, je ne puis mieux faire que de transcrire ici une note insérée dans la *Revue encyclopédique*, ouvrage rédigé par une réunion de membres de l'Institut, et d'autres hommes de lettres (année 1819, tom. 1.er, page 142 et suiv.). MM. les éditeurs de cet estimable ouvrage me pardonneront ce larcin. Ils ont des droits à la reconnaissance de tous ceux que l'éditeur de la *Biographie des hommes vivans* a cherché à diffamer, en s'emparant de leurs noms.

« Il faut se garder de confondre la Biographie uni-
« verselle, dont le plan et le but méritent des éloges,
« avec la prétendue *Biographie des hommes vivans*,
« publiée par le même éditeur, mais rédigée par des
« compilateurs anonymes, dans un esprit de déni-
« grement et de calomnie qui en fait une production
« digne de mépris, parce qu'elle attaque avec une li-
« cence effrénée la réputation de plusieurs milliers
« d'individus; qu'elle tend à présenter tous ceux qui

« ont pris part aux affaires politiques dans la révo-
« lution, comme des scélérats couverts de crimes ; à
« compromettre ainsi l'honneur national, à réveiller
« les passions haineuses, à perpétuer les discordes, à
« priver la patrie et le Roi d'un grand nombre de ci-
« toyens utiles et dévoués.

« Dans cet immense répertoire d'accusations, les
« unes vraies, les autres fausses, d'anecdotes scan-
« daleuses, de citations hasardées, de faits atroces le
« plus souvent dénués de preuves, on confond, avec
« un art perfide, les bons et les méchans, les amis
« d'une sage liberté et les sectateurs d'une anarchie
« sanguinaire, les proscripteurs et leurs victimes, les
« hommes de différentes opinions politiques qui se
« sont combattus les uns et les autres dans nos trou-
« bles civils, qui vivraient aujourd'hui réconciliés
« sous une constitution protectrice, et unis par un
« même sentiment national contre les seuls ennemis
« de la France et du Roi, si des mains imprudentes
« et coupables ne travaillaient à remuer des cendres
« encore brûlantes, et à rallumer des feux mal
« éteints.

« Il est utile de faire connaître que, dans deux in-
« vasions successives de notre territoire par les étran-
« gers, on a vu plus d'une fois les commissaires de
« leurs armées, alors ennemies, consulter la première
« édition de ce volumineux libelle, pour faire peser,
« d'une manière plus spéciale, les charges extraordi-
« naires et les horreurs de la guerre sur les proprié-
« tés et sur les familles des individus désignés comme

« ayant participé aux excès, ou seulement adhéré
« aux principes de la révolution.

« Ainsi cette *Biographie des hommes vivans*,
« dont le titre seul contient une infraction crimi-
« nelle de l'article 11 de la Charte, qui prescrit
« *l'oubli des opinions et des votes émis jusqu'à la*
« *restauration*, est devenue dans les mains de nos
« ennemis étrangers une arme meurtrière, fournie
« par d'indignes Français pour opprimer et pour
« dépouiller ceux de leurs compatriotes qu'ils avaient
« eux-mêmes assassinés moralement.

« Ces nouvelles tables de proscription, dressées
« d'après les pamphlets diffamatoires que les plus
« vils agens des factions révolutionnaires ont succes-
« sivement publiés, n'offraient pas même l'avantage
« de signaler exclusivement les hommes d'un parti
« qu'on eût voulu détruire ; car beaucoup de partis
« différens ayant dominé tour à tour en France, et
« s'étant tour à tour déchirés, on dénonce indistinc-
« tement tous ceux *qui se sont fait remarquer*,
« c'est-à-dire tous les hommes qui ont participé, de
« quelque manière que ce soit, aux événemens sur-
« venus pendant vingt-cinq années.

« Quand le vœu national réclame avec énergie les
« garanties sociales, assurées par la Charte constitu-
« tionnelle, et qui doivent être fortement consoli-
« dées, il faut signaler à l'opinion publique ce dange-
« reux catalogue de dénonciations et de calomnie,
« afin qu'elles cessent, en abusant les hommes faibles
« et crédules, d'alimenter des divisions, d'accréditer

« des relations presque toujours exagérées ou men-
« songères, qui sont à la fois honteuses et affligeantes
« pour la nation française et l'espèce humaine, de
« troubler la paix intérieure des familles, de miner
« dans ses bases la tranquillité publique. A la loi seule
« appartient le droit de punir les crimes; à l'opinion,
« celui d'apprécier les hommes publics par leurs
« actes personnels, bien connus et constatés; à la
« postérité, qui s'asseoira sur nos tombeaux, celui
« de prononcer sur les événemens et sur les person-
« nages de l'époque si terrible et si désastreuse que
« nous avons traversée.

« Nous citons à l'appui de cette note, dont l'é-
« tendue est justifiée par l'importance du sujet, un
« extrait de l'opinion prononcée par M. le comte
« Beugnot, député, sur le projet de loi relatif à la
« répression des abus de la presse, dans la séance de
« la Chambre des députés, du 12 décembre 1817:

« Un fait qui, au premier coup d'œil (*opinion*
« *de M. Beugnot*), peut sembler étrange, mais qui
« est pourtant avéré, c'est qu'on a vu exister en-
« semble les deux systèmes dont je viens de parler,
« c'est-à-dire la licence sans liberté; ainsi, tandis
« qu'une administration inquiète surveillait le déve-
« loppement des lumières publiques, pesait les phra-
« ses d'un écrit et s'effarouchait d'un mot, rien n'em-
« pêchait la circulation des injures et des calomnies;
« il était permis d'en faire des recueils et des diction-
« naires. On publiait, on vendait, jusque dans les
« rues, ces *Biographies des hommes vivans*, monu-

« mens les plus infâmes de la licence où la presse
« ait été portée dans aucun temps et chez aucun
« peuple. Ce régime insensé n'appartient point au
« gouvernement actuel; c'est une des mesures qui
« lui ont été léguées par celui qui l'a précédé. (*Mo-*
« *niteur du* 14 *décembre* 1817, *n.°* 348, *page* 1.re,
« 2.e *colonne.*)

« Un journal (celui des Débats) qu'on n'accusera
« point de vouloir défendre les hommes ni les doc-
« trines de la révolution, s'exprime ainsi, dans un
« n°. du mois de mars 1817 : « Il pleut des biographies
« *d'hommes vivans.* Le commerce des réputations est
« à la mode; la malignité fait le fonds, la médisance
« sert de garantie, et l'esprit de parti, de caution. Le
« Roi a recommandé l'oubli à tous ses sujets; mais il
« y a certaines gens qui ont horreur des eaux du
« Léthé, et qui ne peuvent se désaltérer que dans le
« Phlégéton. Si chaque parti fait sa *biographie mo-*
« *derne*, sous la dictée de ses passions, quelle torture
« ne préparons-nous pas aux futurs historiens ? En
« voyant tant d'imprudens calciner leurs pages de ces
« matériaux enflammés, je me suis rappelé ces hommes
« qui vont ramasser les laves du Vésuve, pour les fa-
« çonner en objets de fantaisie; encore les Napolitains
« attendent-ils qu'elles soient éteintes, mais les Fran-
« çais n'ont pas autant de patience.

« Les rédacteurs anonymes de ce recueil anti-cons-
« titutionnel et anti-national ne connaissent pas
« eux-mêmes la plupart de ceux dont leur plume
« empoisonnée tend à flétrir la réputation. Ils ne sont

« guidés ni par un sentiment de vengeance contre
« les individus qu'ils déchirent, ni par

« Ces haines vigoureuses
« Que doit donner le vice aux âmes vertueuses.

« Moliere, (*Misanthrope*).

« Ils n'ont obéi qu'au seul mobile de la cupidité. Ils
« ont spéculé d'un côté sur l'infortune, la faiblesse,
« l'isolement, l'impuissance présumée de leurs vic-
« times ; de l'autre, sur la curiosité et la malignité
« de leurs lecteurs, qui sont quelquefois aussi leurs
« dupes, qui, plus souvent, joignent leurs voix à
« celles d'un public impartial et éclairé, pour les
« accabler de malédictions méritées. »

ARTICLE DE LA BIOGRAPHIE,

Tome 5, pages 316 et 317.

Savary pourrait s'en tenir à la note qui précède, pour toute reponse à l'art. qui le concerne, signé B. M. dans la collection de L. G. Michaud : il se bornera à en citer les principaux passages, pour servir au besoin de supplément aux *errata*.

« Savary, habitant de Cholet et juge au tribunal révolutionnaire de Paris, après la chûte de Robespierre (en août 1794), ensuite adjudant-général, député de Maine-et-Loire, au Conseil des Cinq-cents, en septembre 1795.

Lisez: Savary, nommé adjudant-général le 6 novembre 1793, n'a point quitté l'armée jusqu'à sa nomination au Corps législatif. Il n'a jamais siégé dans aucun tribunal ou comité révolutionnaire, à quelque époque que ce soit.

« Il s'y montra partisan « des mesures révolution- « naires.	*Lisez :* Partisan de la constitution de l'an 3, qu'il avait juré de maintenir.
« Il devint, surtout après « le renouvellement du tiers « du Conseil, en mars 1797, « un des chefs les plus ar- « dens des *ralentisseurs* (nom « que l'on donna à ceux qui « cherchèrent à entraver le « retour à la modération), et « se déclara hautement en « faveur du Directoire.	*Lisez :* Savary n'entend point le langage de cotterie. Il défendit le gouvernement établi par la constitution, comme il défendra celui établi par la charte.
« Il parla, avec beaucoup « de sens, sur la guerre de « la Vendée, parce qu'une « expérience et *des intérêts « personnels le rappelaient « alors aux vrais principes.*	*Lisez :* Il n'avait depuis longtemps aucun intérêt personnel à ménager dans ces malheureuses contrées. Le sacrifice en était fait depuis l'insurrection. Le besoin de la calomnie ne croit point à l'humanité, et voilà pourquoi le B. M. L. G. Michaud a imprimé, pour sa part, tant de sottises, tant d'absurdités sur la Vendée.
« Il demanda l'aliénation « de tous les presbytères et « la prohibition du culte ca- « tholique.	*Ajoutez :* Proposition sortie du cerveau et de la fabrique de B. M. L. G. Michaud. (Voir la séance du Conseil des Cinq-cents, du 16 messidor an 5 (4 juillet 1797, Moniteur, n°. 273).
« Il se plaignit de ce qu'on « recommençait les proces- « sions.	*Ajoutez : Ce fut ainsi que se prépara la guerre de la Vendée.* (Même séance que l'on a divisée à dessein.

« Il s'opposa à l'admission « des deux députations nom- « mées par les deux assem- « blées électorales de Paris. Il « paraît qu'il prit ce *biais*,etc.

Ajoutez: Le biais.... trait de génie du biographe.

« Il fut un des membres « opposés à la révolution du « 18 brumaire (9 novembre « 1799). Il fut exclu, le 19, « à la fin de la séance, pour « ses excès et tentatives ré- « volutionnaires. »

Ajoutez : L'exclusion à la fin de la séance, les excès, les tentatives révolutionnaires, de tout cela il n'y a pas un mot de vrai.

(Et c'est ainsi *que l'on doit des égards aux vivans*).

CORPS LÉGISLATIF.

CONSEIL DES ANCIENS.

N°. 1.

RAPPORT *fait par M.* ***, *au nom de la Commission des Inspecteurs*, *Séance* (*extraordinaire*) *du* 18 *Brumaire an* 8.

Représentans du peuple,

La confiance dont vous avez investi votre commission des inspecteurs, lui a imposé l'obligation de veiller à votre sûreté individuelle, à laquelle se rattache le salut de la chose publique; car, dès que les représentans d'une nation sont menacés dans leurs personnes; dès qu'ils ne jouissent pas, dans les délibérations, de l'indépendance la plus absolue; dès que les actes qui peuvent émaner d'eux n'en ont pas l'empreinte, il n'y a plus de corps représentatif, il n'y a plus de liberté, il n'y a plus de république.

Les symptômes les plus alarmans se manifestent depuis plusieurs jours; les rapports les plus sinistres nous sont faits: si des mesures ne sont pas prises, si le Conseil des Anciens ne met pas la patrie et la liberté à l'abri des plus grands dangers qui les aient encore menacés, l'embrasement devient général, nous ne pouvons plus en arrêter les dévorans effets; il enveloppe amis et ennemis; la patrie est consumée et ceux qui échapperont à l'incendie verseront des pleurs amers, mais inutiles sur les cendres qu'il aura laissées sur son passage.

Vous pouvez, représentans du peuple, le prévenir encore; un instant suffit; mais si vous ne le saisissez pas, la République aura existé, et son squelette sera entre les mains des vautours, qui s'en disputeront les membres décharnés.

Votre commission des inspecteurs sait que es conjurés se

rendent en foule à Paris ; que ceux qui s'y trouvent déjà n'attendent qu'un signal pour lever leurs poignards sur des représentans de la nation, sur les membres des premières autorités de la République : elle a donc dû vous convoquer extraordinairement pour vous en instruire ; elle a dû provoquer les délibérations du conseil sur le parti qu'il lui convient de prendre dans cette grande circonstance ; le Conseil des Anciens a dans ses mains les moyens de sauver la patrie et la liberté ; ce serait douter de sa profonde sagesse, que de penser qu'il ne s'en saisira pas, avec son courage et son énergie accoutumés.

N°. 2.

Motion faite par M.***, en suite du compte rendu par la Commission des Inspecteurs, relativement aux dangers qui menaçaient le Corps législatif. Séance du 18 Brumaire an 8.

Représentans du peuple,

Quel est l'homme assez stupide pour douter encore des dangers qui nous environnent ? Les preuves n'en sont que trop multipliées ; mais ce n'est pas le moment de dérouler ici leur épouvantable série. Le temps presse, et le moindre retard pourrait devenir si fatal, qu'il ne fût plus en votre puissance de délibérer sur les remèdes.

A Dieu ne plaise que je fasse l'injure aux citoyens de Paris, de les croire capables d'attenter à la représentation nationale : je ne doute pas, au contraire, qu'ils ne lui fissent, au besoin, un rempart de leurs corps ; mais cette ville immense renferme dans son sein une foule de brigands audacieux et de scélérats désespérés, vomis et jetés parmi nous, de toutes les parties du globe par cette exécrable faction de l'étranger qui a causé tous nos malheurs. Ces instrumens du crime vous épient, vous observent, attendent avec une impatience féroce un moment d'imprévoyance ou de surprise pour vous frapper, et par conséquent frapper au cœur la République elle-même.

Représentans du peuple, vos vies ne sont plus à vous, elles sont tout entières à la patrie, dont les destinées tiennent intimement à votre existence ; l'insouciance sur votre propre sûreté serait donc un véritable crime envers elle.

Arrachez-la aux dangers qui la menacent, en vous menaçant vous-mêmes ; transférez le Corps législatif dans une commune voisine de Paris, et fixez votre choix de manière que les habitans de cette grande commune demeurent bien convaincus que votre résidence ailleurs ne sera que momentanée.

Là, mis à l'abri des surprises et des coups de main, vous pourrez, dans le calme et la sécurité, aviser aux moyens de faire disparaître les périls actuels, et d'en détruire encore les causes pour l'avenir. Vous vous occuperez enfin efficacement des finances, par lesquelles notre perte est inévitable, si vous ne vous hâtez de substituer des remèdes réels à de vains et dangereux palliatifs. Vous vous empresserez d'extirper radicalement le chancre dévorateur qui recommence à se faire sentir dans les régions désolées de l'Ouest, mais dont les progrès seront bientôt arrêtés, si on le veut fortement, comme je ne doute pas que vous le voudrez; mais surtout vous n'épargnerez rien pour procurer à la France, cette paix honorable achetée par tant et de si grands sacrifices.

Représentans du peuple, ne concevez aucune inquiétude sur l'exécution de votre décret; d'abord il est puisé dans la constitution elle-même, à qui tout doit être soumis; ensuite, il aura pour garant la confiance publique, que vous avez méritée jusqu'ici par votre courage, autant que par votre sagesse, et que votre généreux dévouement dans les conjonctures où nous sommes, va faire monter au plus haut degré. S'il vous fallait quelque chose de plus, je vous dirais que Bonaparte est là, prêt à exécuter votre décret aussitôt que vous l'en aurez chargé. Cet homme illustre, qui a tant mérité de la patrie, brûle de couronner ses nobles travaux par cet acte de dévouement envers la République et la représentation nationale.

Représentans du peuple, la voix de la patrie, la voix de votre conscience se font entendre; point de temporisation, elle pourrait vous coûter de bien amers regrets.

Je vous propose, aux termes de la constitution, le projet de décret irrévocable qui suit, et je vous le propose avec d'autant plus de confiance, qu'un grand nombre de nos collègues, honorés de votre confiance, ont partagé mon vœu.

N°. 3.

PROJET DE DÉCRET.

Le Conseil des Anciens, en vertu des articles 102, 103 et 104 de la constitution, décrète ce qui suit :

ARTICLE 1. Le Corps législatif est transféré dans la commune de Saint Cloud; les deux Conseils y siégeront dans les deux ailes du palais.

II. Ils y seront rendus demain, 19 brumaire, à midi. Toute continuation de fonctions, de délibérations, est interdite ailleurs avant ce temps.

Le général Bonaparte est chargé de l'exécution du présent décret. Il prendra toutes les mesures nécessaires pour la sûreté de la représentation nationale.

Le général commandant la dix-septième division militaire, la garde du corps législatif, les gardes nationales sédentaires, les troupes de ligne qui se trouvent dans l'arrondissement constitutionnel, et dans toute l'étendue de la dix-septième division, sont mis immédiatement sous ses ordres, et tenus de le reconnaître en cette qualité.

Tous les citoyens lui prêteront main-forte à sa première réquisition.

IV. Le général Bonaparte est appelé dans le sein du Conseil pour y recevoir une expédition du présent décret, et prêter serment. Il se concertera avec la commission des inspecteurs des deux Conseils.

Le présent décret sera de suite transmis, par un messager, au Conseil des Cinq-cents et au Directoire exécutif; il sera imprimé, affiché, promulgué et envoyé dans toutes les communes de la République par des courriers extraordinaires.

N°. 4.

Projet d'adresse aux Français, présentée par ***. Séance du 18 Brumaire an 8.

Français,

Le Conseil des Anciens use du droit qui lui est délégué par l'article 102 de la constitution, de changer la résidence du Corps législatif.

Il use de ce droit, pour enchaîner les factions qui prétendent subjuguer la représentation nationale, et pour vous rendre la paix intérieure.

Il use de ce droit pour amener la paix extérieure que vos longs sacrifices et l'humanité réclament.

Le salut commun, la prospérité commune, tel est le but de cette mesure constitutionnelle; il sera rempli.

Et vous, habitans de Paris, soyez calmes : dans peu la présence du Corps législatif vous sera rendue.

Français! Les résultats de cette journée feront bientôt foi, si le Corps législatif est digne de préparer votre bonheur, et s'il le peut.

Vive le peuple, par qui et en qui est la République!

La présente adresse sera imprimée, proclamée et affichée à la suite du décret de translation de la résidence du Corps législatif, comme en faisant partie.

Nota. Ce projet a été adopté.

N°. 5.

Bonaparte, général en chef, aux Soldats.

Au Quartier-général de Paris, le 18 Brumaire an 8 de la République française, une et indivisible.

Soldats,

Le décret extraordinaire du Conseil des Anciens est conforme aux articles 102 et 103 de l'acte constitutionnel. Il m'a remis le commandement de la ville et de l'armée.

Je l'ai accepté pour seconder les mesures qu'il va prendre et qui sont tout entières en faveur du peuple.

La République est mal gouvernée depuis deux ans. Vous avez espéré que mon retour mettrait un terme à tant de maux; vous l'avez célébré avec une union qui m'impose des obligations que je remplis : vous remplirez les vôtres et vous seconderez votre général avec l'énergie, la fermeté et la confiance que j'ai toujours vues en vous.

La liberté, la victoire et la paix replaceront la République française au rang qu'elle occupait en Europe, et que l'ineptie ou la trahison a pu seule lui faire perdre.

Vive la République!

Signé Bonaparte.

Pour copie conforme :

Alex. Berthier.

N°. 6.

Bonaparte, général en chef, aux Citoyens composant la Garde nationale sédentaire de Paris.

Du 18 Brumaire an 8 de la République française, une et indivisible.

Citoyens,

Le Conseil des Anciens, dépositaire de la sagesse nationale, vient de rendre le décret ci-joint. Il y est autorisé par les articles 102 et 103 de l'acte constitutionnel.

Il me charge de prendre les mesures pour la sûreté de la représentation nationale. Sa translation est nécessaire et momentanée. Le Corps législatif se trouvera à même de tirer la représentation du danger imminent où la désorganisation de toutes les parties de l'administration nous conduit.

Il a besoin, dans cette circonstance essentielle, de l'union et de la confiance des patriotes. Ralliez-vous autour de lui; c'est le seul moyen d'asseoir la République sur les bases de la liberté civile, du bonheur intérieur, de la victoire et de la paix.

Vive la République!

BONAPARTE.

Pour copie conforme :

ALEX. BERTHIER.

N°. 7

EXTRAIT *de la Notice historique sur le 18 brumaire, par M.* Cornet.

« On expédia des lettres de convocation pour les
« membres du Conseil, mais on en retint une douzaine
« (*on aurait pu dire au moins cinquante*) qui étaient
« destinées à ceux dont on redoutait l'audace. » *Pag.* 9.

« Un certain nombre de députés du Conseil des Cinq-
« cents erraient çà et là dans les appartemens de St.-
« Cloud, dans les corridors, dans les cours. Ils étaient
« des expectans; ils avaient le secret de la tentative et
« voulaient en tirer parti.

« Alors on insinua à ces membres du Conseil des
« Cinq-cents de se former en assemblée; ils étaient
« vingt-cinq ou trente. On fabriqua un projet de loi
« qui est celle du 19 brumaire an 8. Le Conseil pré-
« tendu des Cinq-cents le délibéra, il fut apporté à
« celui des Anciens qui était intact, et la loi fut votée
« par la minorité; la majorité était morne et silen-
« cieuse. » *Pages* 15 à 16.

N°. 8.

***Discours** du Président du Conseil des Cinq-cents, aux troupes, au milieu de la cour du palais de Saint-Cloud, le 19 brumaire an 8.*

(Le président arrive dans la cour du palais au milieu des grenadiers qui l'avaient arraché de l'Orangerie pour le soustraire aux poignards : il est reçu au milieu des acclamations universelles, *Vive la République! à bas les assassins!* Il monte à cheval au milieu des troupes : un roulement rétablit le silence ; il s'écrie d'une voie forte et animée :)

CITOYENS,

Le président du Conseil des Cinq-cents vous déclare que l'immense majorité de ce Conseil est dans ce moment sous la terreur de quelques représentans à stilets qui assiégent la tribune, présentent la mort à leurs collègues, et enlèvent les délibérations les plus affreuses.

Je vous déclare que ces audacieux brigands, sans doute soldés par l'Angleterre, se sont mis en rebellion contre le Conseil des Anciens, et ont osé parler de mettre hors la loi le général chargé de l'exécution de son décret, comme si nous étions encore à ce temps affreux de leur règne où ce mot de *hors la loi* suffisait pour faire tomber les têtes les plus chères à la patrie.

Je vous déclare que ce petit nombre de furieux *se sont mis eux-mêmes hors la loi* par leurs attentats contre la liberté de ce Conseil. Au nom de ce peuple qui, depuis tant d'années, est le jouet de *ces misérables enfans de la terreur*, je confie aux guerriers le soin de délivrer la majorité de leurs représentans, afin que, délivrée des stilets par les baïonnettes, elle puisse délibérer sur le sort de la République.

Général, et vous soldats, et vous tous citoyens, vous ne reconnaîtrez pour législateurs de la France que ceux qui vont se rendre auprès de moi. Quant à ceux qui resteraient dans l'Orangerie, que la force les expulse! . . . ces brigands ne sont plus représentans du peuple, mais les *représentans du poignard*. . . . Que ce titre leur reste; qu'il les suive par-tout; et lorsqu'ils oseront se montrer au peuple, que tous les doigts les désignent sous ce nom mérité, des *représentans du poignard*. . . . .

Vive la République!

N°. 9.

EXTRAIT

Du Procès-verbal des séances du Conseil des Cinq-cents (1).

Séance tenue à Saint-Cloud le 19 brumaire an 8 de la République française, une et indivisible.

PRÉSIDENCE DE LUCIEN BONAPARTE.

Le Conseil est réuni à midi dans la commune de Saint-Cloud au local de l'orangerie du palais, en exécution du décret irrévocable rendu hier par le Conseil des Anciens, aux termes de l'article 102 de la constitution.

La séance est ouverte à une heure et demie par la lecture du procès-verbal du 16 de ce mois, dont la rédaction est adoptée.

Un membre obtient la parole pour une motion d'ordre, il dit :

« CITOYENS REPRÉSENTANS,

« Un décret du Conseil des Anciens a transféré les séances du Corps législatif dans cette commune.

« Cette mesure extraordinaire ne pouvait être provoquée que par la crainte ou l'approche d'un danger extraordinaire.

« En effet, le Conseil des Anciens a déclaré aux Français qu'il usait du droit qui lui est délégué par l'art. 102 de la constitution, « pour enchaîner les factions qui prétendent « subjuguer la représentation nationale, et pour rendre la « paix intérieure. »

« Représentans du peuple, reportez-vous au 30 prairial. Dans cette journée mémorable, vous voulûtes arracher le système représentatif aux usurpations du Directoire exécutif, et faire jouir enfin le peuple français de cette liberté qu'il avait achetée au prix de tant de sacrifices.

« Eh bien ! rappelez-vous les sinistres événemens qui l'ont suivie, et où vous avez tour-à-tour figuré comme tristes témoins, ou comme acteurs dévoués.

---

(1) Pour éviter les répétitions, on a supprimé les pièces qui se trouvent comprises dans le procès-verbal du Conseil des Anciens.

« Jamais peut-être la dignité et l'indépendance de la représentation nationale ne furent plus attaquées et plus compromises.

« Jamais un plus grand oubli de toutes les idées libérales, généreuses et philantropiques.

« Jamais on ne rétrograda plus rapidement vers les erreurs et la servitude de la monarchie.

« Jamais enfin on n'eut plus à redouter une dégénération totale des esprits et des cœurs.

« D'un coté, les fauteurs du royalisme ne conspirent plus dans les ténèbres; ils ont arboré l'étendard de la rebellion.

« De l'autre, les passions délirantes et destructrices des démagogues s'exaltent et s'agitent d'une manière vraiment funeste et alarmante.

« Déjà même elles promènent sur toutes les têtes la hache de la terreur, qu'elles ne tiennent plus suspendue qu'à un fil.

« Représentans du peuple, il est temps de sauver la patrie.

« Il est temps de prouver les principes de la révolution.

« Il est temps enfin d'assurer au peuple la jouissance toute entière des droits et des avantages qu'elle lui avait promis.

« Vous y parviendrez aisément, si vous déployez, le 19 brumaire, le dévouement des 27 et 28 fructidor. »

L'orateur termine en demandant : 1°. « qu'il soit formé une commission de sept membres chargée de faire un rapport sur la situation de la République et sur les moyens de la sauver ;

« 2°. Que cette commission fasse son rapport séance tenante ;

« 3°. Que jusque-là toute délibération soit suspendue ;

« 4°. Que toute proposition qui serait faite lui soit renvoyée. »

Plusieurs membres s'élancent à la tribune.

Les uns demandent qu'avant tout il soit prêté serment à la constitution; les autres, qu'il soit fait un message au Conseil des Anciens pour connaître les motifs de la translation du Corps législatif.

Ces propositions sont faites avec clameur, répétées avec emportement par un certain nombre de membres du Conseil ; la majorité reste calme. Cependant le tumulte augmente; à peine peut-on entendre la voix de ceux qui observent qu'avant toute chose la constitution prescrit de faire un message au Conseil des Anciens pour lui annoncer qu'on est réuni en nombre suffisant pour délibérer.

La tribune est encombrée, le bureau environné de ceux qui poussent des cris de fureur. Le président est assailli d'injures et de menaces; en vain il se couvre : tout annonce, dès l'entrée de la séance, qu'une minorité factieuse et conspiratrice a formé le complot d'empêcher toute délibération.

Le président s'écrie : Je sens trop la dignité du poste que j'occupe pour supporter plus long-temps les menaces insolentes de quelques orateurs, et pour ne pas rappeler de tout mon pouvoir l'ordre et la décence dans le Conseil.

Le calme instantanément rétabli, la proposition de l'appel nominal pour la prestation du serment civique est mise aux voix et adoptée.

Les membres appelés prêtent successivement à la tribune le serment dont la formule a été décrétée par la loi du thermidor dernier.

Il résulte de l'appel nominal que les membres du Conseil sont réunis en très-grande majorité; en conséquence l'arrêté suivant est mis aux voix et adopté :

« Le Conseil des Cinq-cents déclare qu'il est réuni en majorité dans la commune de Saint-Cloud, au lieu désigné par le décret du Conseil des Anciens, en date du 18 du présent mois de brumaire, et arrête que la présente déclaration sera à l'instant portée au Conseil des Anciens par un messager d'état. »

Un secrétaire donne lecture d'une lettre par laquelle le représentant du peuple Bergoeing donne sa démission.

Le Conseil ordonne la mention au procès-verbal.

Le même secrétaire fait lecture de deux messages du Conseil des Anciens, dont l'un annonce la réunion de ses membres en majorité dans le palais de Saint-Cloud.

Le second message annonce que le Conseil des Anciens suspend toute délibération jusqu'à ce que celui des Cinq-cents lui aura fait connaître sa réunion dans cette commune.

Un membre demande qu'en exécution de l'article 105 de la constitution, il soit fait une proclamation au peuple français pour lui faire connaître que, conformément au décret du Conseil des Anciens, celui des Cinq-cents est réuni dans la commune de Saint-Cloud, et qu'il y siège en majorité.

Le Conseil adopte cette proposition.

Un membre propose d'adresser un message au Directoire

exécutif pour lui annoncer pareillement que le Conseil est constitué.

Un autre membre s'oppose à cette proposition. Il observe qu'aux termes de l'article de la constitution, le Directoire exécutif devant résider dans la commune où siége le Corps législatif, c'est au Directoire à annoncer au Conseil qu'en exécution du décret de celui des Anciens, il est réuni dans la commune de Saint-Cloud. L'opinant invoque l'ordre du jour.

L'ordre du jour, mis aux voix, est rejeté; le Conseil adopte la proposition du message au Directoire exécutif.

Le Conseil des Anciens transmet, par un message, la démission qui lui a été adressée, par le citoyen Barras, de ses fonctions de membre du Directoire exécutif.

Le Conseil en ordonne la mention au procès-verbal.

Un membre demande que le Conseil fixe le moment où l'on procédera à la formation de la liste de candidats à présenter au Conseil des Anciens pour le remplacement du citoyen Barras, démissionnaire.

La discussion s'engage sur cet objet.

Les uns demandent que la liste soit formée à l'instant, les autres proposent d'y procéder à huit heures du soir. La même effervescence, le même emportement qui se sont manifestés, dès l'entrée de la séance, de la part des membres perturbateurs, règnent dans cette discussion.

Le général Bonaparte paraît dans la salle : il est sans armes, et s'avance vers le bureau; il veut rendre compte des mesures dont l'exécution lui a été confiée par le décret du Conseil des Anciens.

Il veut en outre rendre compte des propositions qui lui ont été faites par les chefs des conspirateurs de l'investir de la dictature, s'il consent à se réunir avec eux.

A l'instant les membres de cette minorité, furieuse et conspiratrice, se précipitent, les uns à la tribune, les autres vers le général : on entend, au milieu du plus affreux désordre, vociférer les mots : *à bas le tyran*, *à bas le dictateur*.

Plusieurs font à grands cris la proposition de déclarer le général Bonaparte *hors la loi*; d'autres s'écrient : *tue! tue!* Ils s'élancent sur lui, prêts à l'atteindre, les uns armés de pistolets et de poignards, les autres le menaçant de la main. Deux des grenadiers de la garde du Corps législatif, accourus au bruit de cet effroyable désordre, lui font un rempart de leurs corps et le dérobent aux coups des assassins, qui ne dissimulent pas leur rage et exhalent hautement leurs regrets de n'avoir pu le poignarder.

En même temps, le président est assailli, menacé par une partie des assassins qui se sont emparés de la tribune; l'un d'eux lui présente le bout de son pistolet.

Cependant les officiers-généraux de l'état-major et de la garde du Corps législatif maintiennent l'ordre et le calme parmi les grenadiers, qui frémissent d'indignation au poste placé à l'extérieur de la salle.

Une multitude de membres de la majorité font d'inutiles efforts pour être entendus au milieu de cette scène d'horreur. Le président quitte le fauteuil, où il est remplacé par Chazal, ex-président. Il est à la tribune; il demande la parole, il s'efforce de faire entendre quelques mots : il s'écrie qu'après les grands services rendus à la République par le général Bonaparte, il serait odieux de lui supposer des vues liberticides. Quel Français, dit-il, a donné plus de gages à la liberté!

Il ajoute que ce général venait sans doute rendre quelque compte important, relatif aux circonstances; il demande que le général Bonaparte soit appelé à la barre pour rendre compte de ses motifs.

L'orateur veut continuer, mais sa voix est étouffée par les cris des séditieux : accablé de douleur et d'indignation, Lucien Bonaparte déclare qu'il dépouille la magistrature populaire dont ses concitoyens l'ont revêtu. En achevant ces mots, il dépose sur le bureau sa toge et son écharpe. Alors la fureur des séditieux n'a plus aucun frein; ils s'élancent sur lui à la tribune, le pressent, l'enveloppent, lorsqu'un détachement de grenadiers, près la représentation nationale, vient le soustraire au plus pressant danger et protéger sa sortie.

La salle, en ce moment, ne présente plus que l'image de la plus horrible confusion; la tribune est devenue la proie et le théâtre des conspirateurs : les motions ne respirent que la violence et la menace; leurs poignards tiennent dans la stupeur et la consternation la majorité, en qui seule résident et la dignité et le pouvoir de la représentation nationale; les membres de cette majorité, qui sont dans le voisinage des portes, s'éloignent : il ne reste que ceux qui se trouvent retenus par la terreur ou l'impossibilité de fuir; le Conseil n'existe plus. Soudain la force armée se présente pour dissiper l'attroupement des assassins, et le lieu de la séance est évacué.

Signé, L. BONAPARTE, *président;* Emile GAUDIN, BARA (des Ardennes), *secrétaires.*

A neuf heures du soir, la majorité des membres du Conseil se réunit dans le local de l'Orangerie du palais de Saint-Cloud. Le président et les secrétaires prennent place au bureau.

Un membre obtient la parole pour demander qu'il soit fait un message au Conseil des Anciens, à l'effet de le prévenir que le Conseil des Cinq-cents est actuellement en séance.

Cette proposition, mise aux voix, est adoptée.

Un membre prononce le discours suivant :

« REPRÉSENTANS DU PEUPLE,

« Les ennemis du peuple ont commis leur dernier attentat. Les poignards levés sur Bonaparte menaçaient le Corps législatif, la nation et les armées. La mort du héros citoyen qui, en Europe, en Asie, en Afrique, a conduit nos défenseurs de victoire en victoire, avec qui les soldats français ont acquis à notre patrie le titre de *grande nation*, eût été le signal de la vôtre. Elle livrait la France à ses bourreaux, ouvrait ses frontières à la coalition, allumait la guerre civile et préparait l'anéantissement du nom français. Tel a été le projet des démagogues ; telles étaient nos destinées, si le génie de la France n'eût enchaîné la fureur des assassins : il fallait aujourd'hui périr ou vaincre avec le peuple. Nous avons vaincu ses plus cruels ennemis : gloire et reconnaissance à Bonaparte, aux généraux, à l'armée, qui ont délivré le Corps législatif de ses tyrans, et sauvé la liberté publique sans verser une goutte de sang ! C'est aujourd'hui que l'humanité triomphe et que le règne de la justice a commencé; il ne finira jamais : elle sera terrible aux méchans, tutélaire pour les faibles, égale pour tous les citoyens. La journée du 19 brumaire est celle du peuple souverain, de l'égalité, de la liberté, du bonheur et de la paix; elle terminera la révolution, et fondera la République, qui n'existait encore que dans le cœur des républicains. »

L'orateur termine en présentant un projet de résolution qui est mis aux voix et adopté en ces termes :

« Le Conseil des Cinq-cents, considérant que le général Bonaparte, les généraux et l'armée sous ses ordres, ont sauvé la majorité du Corps législatif et la République, attaquées par une minorité composée d'assassins ;

« Considérant qu'il est instant de leur témoigner la reconnaissance nationale,

« Déclare qu'il y a urgence.

« Le Conseil, après avoir déclaré l'urgence, prend la résolution suivante :

« Le général Bonaparte, les généraux Lefèvre, Murat, Gardanne, les autres officiers-généraux et particuliers, dont les noms seront proclamés ; les grenadiers du Corps législatif et du Directoire exécutif ; les sixième, soixante-dix-neuvième, quatre-vingt-seizième de ligne ; les huitième et neuvième de dragons, le vingt-unième de chasseurs à cheval, et les grenadiers qui ont couvert le général Bonaparte de leurs corps et de leurs armes, ont bien mérité de la patrie.

« La présente sera imprimée ; elle sera envoyée aux armées, et portée au Conseil des Anciens par un messager d'état. »

Un membre prononce le discours suivant :

« Citoyens Représentans,

« Il ne suffit pas d'avoir vaincu, il faut savoir profiter de la victoire pour se dispenser de vaincre encore : je viens vous proposer des mesures dont la situation de la République prouve l'urgence, et ce qui s'est passé depuis un an, ce qui s'est passé sur-tout aujourd'hui, l'indispensable nécessité. Agissons. Voici les mesures. J'en demande le renvoi à une commission spéciale. »

L'orateur termine en présentant un projet de résolution dont le Conseil ordonne le renvoi à une commission spéciale, pour l'examiner, et faire son rapport séance tenante............

Le président quitte le fauteuil, et prononce à la tribune le discours suivant :

Représentans du Peuple ;

« La République mal gouvernée, tiraillée dans tous les sens, minée par l'affreux épuisement des finances, croule de toutes parts. . . . Point de confiance, et dès-lors point de ressources, ni force, ni ensemble dans le gouvernement; et dès-lors l'incertitude et la guerre intestine se rallumant par-tout : point de garantie pour les puissances étrangères, et dès-lors point d'espérance d'arriver à la paix.

« Tous les cœurs des bons citoyens sentaient le mal, tous les vœux appelaient le remède. . . . La sagesse du Conseil des Anciens s'est éveillée; mais, les yeux encore fixés sur les dernières tentatives d'une faction exécrable, le Conseil des Anciens a transféré hors de Paris la résidence du Corps législatif.

« C'est nous maintenant qui avons l'initiative : nous seuls devons proposer les remèdes à la dissolution générale qui nous menace... Le peuple et l'armée nous regardent... Pourrions-nous craindre de sonder la plaie? Pourrions-nous, par une lâche pusillanimité, changer en indignation l'alégresse publique?

« Entraînés par le torrent de l'opinion, quelques membres du Directoire ont déposé leur puissance; d'autres les ont imités, persuadés que la cause de tous nos maux est dans la mauvaise organisation du système politique. Il n'y a plus de Directoire exécutif. . . . L'expérience comme la raison prouvent que l'organisation actuelle de la constitution est aussi vicieuse que ses bases sont augustes. Cette organisation incohérente nécessite chaque année une secousse politique, et ce n'est pas pour avoir tous les ans des secousses que les peuples se donnent des constitutions!!!

« Le sentiment national universel attribue tous les malheurs de la patrie aux vices de la nôtre. Placés, dans la position où nous sommes, à l'abri des factions, nous n'avons point d'excuse si nous ne faisons pas le bien : si nous oublions aujourd'hui que le salut du peuple est la suprême loi, si nous ne prêtons pas un prompt appui à l'édifice politique qui s'écroule, nous nous chargeons de l'exécration justement méritée du siècle présent et des siècles futurs. . . .

« Il existe des principes constitutionnels, nous voulons tous maintenir ces principes; mais il n'existe plus d'organisation constitutionnelle, car celle qui existe a été violée tour-à-tour par tous les partis. On peut en imposer par des mots vides de sens aux peuples ignorans et crédules, mais on ne peut en imposer au peuple le plus instruit et le plus impatient de la terre. Croyez-vous qu'il ignore que cette organisation, qui ne lui a garanti aucun de ses droits tant promis, et dont tant de mains ont arraché les pages à peine écrites, n'est plus qu'une arme offensive ou défensive dont chaque faction se prévaut tour-à-tour?... Et s'il est vrai qu'aucun droit ne soit garanti par elle, devons-nous tarder à la modifier? et si nous tardions, pouvons-nous douter que les fauteurs des dangers de la patrie ne ressaisissent, à la première occasion, le moment que nous aurons laissé échapper?...

« Telle est la question que j'adresse à chacun de mes collègues. Méditons, et prononçons ensuite, dans toute la liberté de notre ame, sur la situation de la patrie.... Cet ancien palais des rois où nous siégeons dans cette nuit solennelle, atteste que la puissance n'est rien et que la gloire est tout..... Si nous sommes indignes aujourd'hui du premier peuple de la terre; si, par des considérations pusillanimes et déplacées, nous ne changeons pas l'affreux état où il se trouve; si nous trompons ses espérances, dès aujourd'hui nous perdons notre gloire, et nous ne garderons pas long-temps notre puissance: lorsque la mesure des maux se comble, l'indignation des peuples s'approche.

« J'ai cru, représentans du peuple, pouvoir vous tenir ce langage. De vos délibérations dépendent la prospérité publique et la paix; vous devez oublier tous les liens factices, et ne vous ressouvenir que du bonheur du peuple français dont vous êtes chargés. Je livre à vos méditations profondes les idées que je viens d'émettre. Je demande qu'il soit nommé, séance tenante, une commission spéciale de neuf membres, chargée de présenter ses vues sur votre situation actuelle, et les moyens de l'améliorer.

« Ce matin, des assassins revêtus de la toge ont fait retentir ces voûtes des cris de la rage et des accens de la fureur... Votre courage, celui des soldats de la patrie, les ont arrêtés; à cette heure leur regne est passé. Mais achevons de peindre au monde épouvanté la hideuse physionomie de ces enfans de la terreur. Ce qui se dit dans cette nuit du 19 brumaire, au milieu de cette enceinte, sera répété par les siècles.

« Pendant que votre commission travaille au salut de la patrie, permettez-moi de vous entretenir pour la dernière fois de ceux qui avaient juré sa perte.

« Ils répètent sans cesse les mots d'attentat à la constitution et de sermens violés..... Eux qui, lorsqu'il faut donner au peuple français le bonheur et la paix, affectent tant de scrupules politiques, que faisaient-ils, que disaient-ils il y a quelques mois? Avaient-ils alors oublié leurs sermens lorsque, conspirant dans les ténèbres et réunissant tous les élémens révolutionnaires, ils appelaient la discorde et l'épouvante dans le sein de la patrie, et qu'ils désignaient tous les hommes généreux à la proscription? Croient-ils que nous ayons oublié, que la France ait oublié ces jours de deuil où la terreur gravitait de nouveau sur l'horizon menaçant? Croient-ils que nous ayons oublié leurs projets de convention, de comité de salut public, de carnage et d'effroi? Qu'avaient-ils fait alors de leurs sermens? Le peuple français nous écoute; et puisqu'ils osent se parer du masque de la vertu, je veux le leur arracher, et livrer à la France épouvantée ces figures hideuses, livides encore des projets de destruction anéantis par notre courage.

« Ils parlent de vertu, de constitution, de sermens! Qu'ils répondent, je les interpelle. Qu'avaient-ils fait de leurs sermens, ce jour où, dans cette caverne du manège, oubliant leur caractère de représentans du peuple, ils allaient se mêler aux assassins pour appeler les poignards sur nos têtes? Parlaient-ils de constitution, lorsqu'au milieu de leurs sicaires ils s'écriaient qu'il fallait que le peuple se sauvât lui-même, et que nos têtes n'étaient plus populaires? Audacieux conspirateurs, ils appelaient alors à l'insurrection! et aujourd'hui, lâches caméléons, ils invoquent cette charte sur laquelle ils avaient déjà imprimé leurs mains ensanglantées!!!

« Ils espéraient faire déborder une seconde fois sur notre sol le torrent de leur affreuse domination, et ils ne trouvaient plus alors que la constitution fût une digue suffisante pour les arrêter; et lorsqu'il s'agit de donner la paix et le bonheur à la France, ils trouvent que cette digue est un obstacle invincible. C'est ainsi que, changeant sans cesse de masque, leur figure est toujours la même : c'est la figure affreuse du crime, de la bassesse et de la tyrannie.

« Mais ce moment doit les démasquer tout entiers. Nous avions gardé le silence sur leurs complots fratricides, parce que nous devions présumer qu'ils préféreraient la générosité à la justice.... Mais ils prennent, eux, la générosité pour la faiblesse, et nous devons cesser aujourd'hui d'être généreux.

« Ils parlent toujours du peuple et pour le peuple : eh bien! je l'évoque autour de nous ce peuple répandu sur l'immense République; que ses flots majestueux nous pressent, nous entourent; qu'il nous écoute, et qu'il juge.

« Depuis que la constitution existe, les démagogues ne cessent de conspirer contre elle pour lui substituer leur code de 93. Il y a quatre mois qu'ils avaient cru voir arriver le moment de la mort; ils conspiraient tous les jours et toutes les nuits, et c'était sans doute en faveur du peuple : car ils voulaient lui rendre les inappréciables bienfaits du *maximum*, de la famine, des tribunaux révolutionnaires, des échafauds, et tant d'autres lois qu'ils appelaient bonheur commun! La patrie fut en proie un instant aux ennemis étrangers; et comme s'ils avaient attendu le signal, ils s'élancèrent aussi en vautours sur la patrie, et ils crurent pouvoir accomplir leurs projets. Voulaient-ils alors la constitution de l'an 3, ces sénateurs intègres qui montrent tant de zèle aujourd'hui? la voulaient-ils lorsque des hordes d'assassins, ramassés par leurs ordres autour de nos palais, préludaient à notre assassinat par les injures?.... Les voix féroces de leurs frères demandaient notre sang; et lorsqu'on nous offrait d'une main le poignard, de l'autre on leur offrait le sceptre de plomb. Eux observaient, écoutaient avec complaisance ces hommes bourreaux, ces femmes furies qui souriaient à leurs sourires; ils traversaient leurs rangs d'un air calme et d'un pas lent, comme le triomphateur qui savoure à longs traits les cris et l'allégresse publique. Ils montraient leurs cartes à ces groupes infernaux, et ils étaient salués du titre de représentans fidèles..... Oui, ils étaient fidèles à l'assassinat et au brigandage..... et aujourd'hui ils osent parler principes! Ils ont perdu le droit de le faire. Ils sont condamnés au silence et à l'exécration. Il est passé le temps de l'indulgence et de la faiblesse, et les hommes de bien ont enfin senti que la guerre civile même serait préférable à l'infamie de leur joug.

» Mais vous, pères de la patrie, vous qui voulez donner à la France le bonheur et la paix, vous êtes enfin séparés de ces hommes, et leur petit nombre doit les épouvanter autant que la multitude de leurs crimes.... Leur groupe affreux est livré à la contemplation du public, à l'animadversion des guerriers...., à l'horreur du monde.

« La France, les armées, l'Europe, l'Afrique et l'Asie nous contemplent.... Si nous étions faibles aujourd'hui, nous serions les plus lâches des hommes : quant à moi, j'ai rougi de porter plus long-temps la toge lorsque les clameurs et les poignards de quelques factieux étouffaient dans cette enceinte les cris de trente millions d'hommes qui demandent la paix ; je rougirais encore de l'avoir reprise, si, délivrés du joug des démagogues assassins, vous pouviez, dans cette séance décisive, reculer devant le salut de la patrie.

Le président prononce le discours suivant :

« Représentans du Peuple,

« La liberté française est née dans le jeu de paume de Versailles : depuis l'immortelle séance du jeu de paume, elle s'est traînée jusqu'à vous, en proie tour à tour à l'inconséquence, à la faiblesse et aux maladies convulsives de l'enfance.

« Elle vient aujourd'hui de prendre la robe virile : elles sont finies dès aujourd'hui toutes les convulsions de la liberté..... A peine venez-vous de l'asseoir sur la confiance et l'amour des Français, et déjà le sourire de la paix et de l'abondance brille sur ses lèvres.

» Représentans du peuple, entendez les bénédictions de ce peuple et de ces armées long-temps le jouet des factions intestines, et que leurs cris pénètrent jusqu'au fond de vos ames. Entendez aussi le cri sublime de la postérité : « Si « la liberté naquit dans le jeu de paume de Versailles, elle « fut consolidée dans l'orangerie de Saint-Cloud ; les cons-« tituans de 89 furent les pères de la révolution, mais les « législateurs de l'an 8 furent les pères et les pacificateurs de « la patrie. »

« Ce cri sublime retentit déjà dans l'Europe ; chaque jour il s'accroîtra, et dans sa force universelle il embrassera bientôt les cent bouches de la renommée.

« Vous venez de créer une magistrature extraordinaire et momentanée dont les effets doivent ramener l'ordre et la victoire, seul moyen d'arriver à la paix.

« Auprès de cette magistrature vous avez placé deux commissions pour la seconder, et s'occuper de l'amélioration du système social que tous les vœux réclament.

« Dans trois mois vos consuls et vos commissaires vous rendront compte de leurs opérations : ils vont travailler pour le bonheur de leurs contemporains et pour la postérité : ils sont investis de tous les pouvoirs nécessaires pour faire le bien. Plus d'actes oppressifs, plus de titres ni de listes de proscription, plus d'immoralité ni de bascule... Liberté, sûreté pour tous les citoyens, garantie pour les gouvernemens étrangers qui voudront faire la paix ; et quant à ceux qui voudraient continuer la guerre, s'ils ont été impuissans contre la France désorganisée, livrée à l'épuisement et au pillage, que sera-ce aujourd'hui ?

« Qu'il est beau, le mandat que vous avez donné aux consuls de la République!.... Dans peu le peuple français et vous, jugerez s'ils ont su le remplir.....

« Je déclare, au nom du Corps législatif, que le Conseil des Cinq-cents est ajourné au premier ventose dans son palais.

« A cette déclaration solennelle la présente session se termine. — Puisse la prochaine s'ouvrir avant trois mois, au milieu d'un peuple heureux, tranquille et pacifié!

» *Vive la République!* »

En s'adressant aux trois consuls qui arrivent dans la salle au milieu d'un nombreux cortége, et qui s'arrêtent devant le bureau, le président continue debout et découvert:

« Citoyens Consuls,

« Le plus grand peuple de la terre vous confie ses destinées: dans trois mois l'opinion vous attend..... Le bonheur de trente millions d'hommes, la tranquillité intérieure, les besoins des armées, la paix, tel est le mandat qui vous est donné : il faut sans doute du courage et du dévouement pour se charger d'aussi importantes fonctions; mais la confiance du peuple et des guerriers vous environne, et le Corps législatif sait que vos ames sont tout entières à la patrie.

« Citoyens Consuls, nous venons, avant de nous ajour-
« ner, de prêter le serment que vous allez répéter au milieu
« de nous, le serment sacré de « fidélité inviolable à la sou-
« veraineté du peuple, à la République française une et indi-
« visible, à l'égalité, à la liberté et au système représentatif. »

« *A ces mots, les citoyens Sieyes, Bonaparte et Roger-Ducos répètent le serment, et la séance se lève au milieu des cris mille fois répétés de* vive la République!

Signé, L. BONAPARTE, *président*; Emile GAUDIN, BARA (des Ardennes), *secrétaires*.

PROCÈS-VERBAL

Des séances du Conseil des Anciens.

Séance tenue à Saint-Cloud le 19 Brumaire, l'an huitième de la République française, une et indivisible.

Présidence du citoyen Lemercier.

Le Conseil, réuni dans la commune de Saint-Cloud, en exécution du décret de translation du 18 de ce mois, ouvre sa séance à midi dans la galerie du château.

Le procès-verbal de la séance du 14 est lu et adopté.

Le président donne lecture de l'article 105 de la constitution, et invite le Conseil à vérifier s'il est en majorité.

Le Conseil déclare qu'il est en majorité, et arrête que le Conseil des Cinq-cents en sera instruit par un message.

Le président donne lecture de la lettre suivante :

Paris, ce 18 brumaire an 8.

Lettre du citoyen Barras, membre du Directoire exécutif, au citoyen président du Conseil des Anciens.

« Citoyen Président,

« Engagé dans les affaires publiques uniquement par ma passion pour la liberté, je n'ai consenti à partager la première magistrature de l'Etat que pour la soutenir dans ses périls par mon dévouement, pour préserver des atteintes de ses ennemis les patriotes compromis dans sa cause, et pour assurer aux défenseurs de la patrie ces soins particuliers qui ne pouvaient leur être plus constamment donnés que par un citoyen anciennement témoin de leurs vertus héroïques et toujours touché de leurs besoins.

« La gloire qui accompagne le retour du guerrier illustre à qui j'ai eu le bonheur d'ouvrir le chemin de la gloire, les marques éclatantes de confiance que lui donne le Corps législatif, et le décret de la représentation nationale, m'ont convaincu que, quel que soit le poste où l'appelle désormais l'intérêt public, les périls de la liberté sont surmontés, et les intérêts des armées garantis. Je rentre avec joie dans les rangs de simple citoyen, heureux, après tant d'orages, de remettre entiers et plus respectables que jamais les destins de la République dont j'ai partagé le dépôt.

« Salut et respect.

« *Signé*, Barras. »

Le Conseil arrête que copie de la lettre ci-dessus sera transmise au Conseil des Cinq-cents par un message.

Un membre obtient la parole.

Je demande, dit-il, la lecture du procès-verbal de la séance extraordinaire tenue hier matin ; je ne puis parler sur cette séance, j'étais absent, et j'ignore les motifs qui ont fait oublier un certain nombre de membres dans la distribution des billets de convocation.

Au surplus, je viens de lire le rapport imprimé de la commission des inspecteurs. Il contient des assertions qui seraient bien faites pour alarmer, si les bases en étaient connues. Quelque confiance que nous ayons dans la commission, il est de notre devoir et de notre dignité de nous faire rendre compte, avec plus de détail, des motifs qui lui ont fait proposer la translation. Je suis persuadé qu'elle en a eu de très-puissans. Comme membre du Conseil, je demande qu'ils nous soient expliqués. Je pense même que, puisqu'il s'agit de dangers généraux, on ne peut se dispenser d'instruire le Conseil des Cinq-cents. S'il y a quelque inconvénient à donner des explications en public, qu'on les donne en comité général.

Je reviens à ma proposition.

Je demande ou que le procès-verbal de la séance du 18 soit lu à l'instant, ou que, s'il n'est pas prêt, la commission des inspecteurs développe les motifs du décret qu'elle a proposé.

Un autre membre : J'ignore si le préopinant a été convoqué ; mais je sais que le décret rendu est irrévocable, et qu'il n'est plus permis de le remettre en question. Cependant la proposition qu'on vient de faire tend à le discuter de nouveau ; ce qui est attentatoire à la dignité du Conseil et au caractère de ses délibérations. Si quelques membres ne se sont pas trouvés à la séance, ceux qui s'y sont trouvés n'en avaient pas moins le droit de décider, et étaient en nombre suffisant.

Un membre avec impétuosité : Je demande la parole.

L'orateur continue : Pas d'interruption. Président, maintenez la liberté d'opinion. Que le Conseil des Anciens soit ici ce qu'il est à Paris.

Je dis que la proposition qu'on vient de faire tend à rouvrir la discussion sur le décret du 18 brumaire. J'ajoute que, dans tous les cas, il est impolitique et inconvenant de demander que, par des explications publiques, on donne l'éveil aux hommes qui mettent la patrie en danger.

Un troisième membre : L'auteur de la proposition que le préopinant combat n'a nullement parlé de révoquer le décret de translation.

Il s'est étonné de ce que tous les membres n'ont pas été convoqués. Je n'en suis pas moins étonné que lui; car moi, qui demeure dans la même maison qu'un de mes collègues qui a reçu sa lettre de convocation, je n'ai pas reçu la mienne.

Quant aux explications qu'on demande, elles ne peuvent être dangereuses, si elles sont données en comité général.

On prétend, au surplus, que la liberté des suffrages a été violée dans la séance d'hier; mais je ne me suis point aperçu que, comme la commission des inspecteurs l'a avancé dans son rapport, la liberté du Corps législatif ait été gênée dans nos séances précédentes.

La translation a donc été déterminée par d'autres motifs; je demande qu'on nous les fasse connaître dans un comité général.

Un membre : Comme membre de la commission des inspecteurs, je dois la justifier du reproche qu'on vient de lui adresser indirectement. Je déclare que des lettres de convocation ont été distribuées pour tous les membres du Conseil. Des sous-officiers, dont l'exactitude est connue, ont été chargés de les porter. Elles ont dû être remises à sept heures du matin.

Je passe au second objet de la discussion.

On demande avec un sang-froid vraiment étonnant les preuves d'une conspiration dont tous les Français sont convaincus. Oui, elle est généralement connue, cette conspiration qui tend à tout renverser pour établir la tyrannie : certes, on n'en demanderait plus les preuves si l'on savait les propositions faites depuis peu à un citoyen que ses talens, ses vertus, ses services rendent si intéressant à la patrie.

On propose un comité général; mais là, comme en public, il serait dangereux de tout dire. Le Conseil des Anciens a investi de la plus grande confiance sa commission des inspecteurs : forte de ces sentimens, elle n'a pas hésité à se dévouer; comment tout-à-coup paraît-on concevoir des défiances? Il faut l'avouer : si quelques membres écoutaient un peu moins le mécontentement qu'ils éprouvent pour n'avoir pas reçu à temps leurs lettres de convocation, ils verraient la conspiration dans les circonstances qui les entourent.

Je demande donc que la commission des inspecteurs ne s'explique, sur les bases de son rapport, que quand les dangers seront entièrement passés.

Un membre : Je n'ai pas reçu de lettre de convocation ; mais ce n'est pas là ce dont je me plains. Je m'élève à d'autres considérations. On parle de conspiration, de dangers : tous les représentans du peuple ont intérêt de les connaître. Nous ne sommes plus au temps où un comité de salut public venait forcer la conviction de la représentation nationale et lui extorquer des décrets. Mais je ne doute pas que la commission des inspecteurs ne se fasse un plaisir de communiquer fraternellement à ses collègues les motifs d'une mesure que d'ailleurs j'approuve, car je crois aussi qu'il existe une conspiration et des dangers.

Je demande que la commission développe à l'instant son rapport dans un comité général.

Un autre membre : L'auteur de la proposition n'a pas entendu demander le rapport du décret de translation; il ne s'agit donc plus que de la seconde question élevée, par le dernier opinant, sur le temps où la commission donnera des renseignemens. Ce ne peut être aujourd'hui. Ce jour doit être consacré en entier à assurer l'exécution du décret d'hier. Je demande en conséquence qu'il soit fait un message au Conseil des Cinq-cents pour lui annoncer que le Conseil des Anciens est constitué dans la commune de Saint-Cloud. Je vais plus loin : l'art. 71 de la constitution veut que le Directoire réside toujours dans la même commune que le Corps législatif. Il est donc nécessaire de l'instruire également par un message que le Conseil des Anciens est ici. Vous savez quelles suites désastreuses pourrait entraîner l'oubli de ces notifications : l'art. 105 vous les indique. Quand il sera temps, j'appuierai la proposition d'entendre la commission des inspecteurs. Maintenant on ne doit s'occuper que des deux messages que je propose. Il sera même nécessaire d'attendre la réponse du Conseil des Cinq-cents et du Directoire avant d'engager aucune discussion.

Le président établit l'état de la délibération.

Le dernier opinant demande la priorité pour sa proposition.

Il est vivement appuyé.

L'auteur de la première proposition : Je conviens que le Conseil des Anciens aurait dû remplir, avant toute délibération, les formalités qu'on vient de rappeler, et attendre la réponse du Conseil des Cinq-cents et du Directoire. On peut, au reste, suspendre la séance ; mais il ne faut pas confondre avec une délibération les explications qu'on réclame.

Le dernier opinant : Je demande que les messages soient mis aux voix, et qu'on sursoie à toute discussion jusqu'à ce que le Conseil des Cinq-cents ait notifié qu'il est constitué ; et le Directoire, qu'il est présent.

Un membre : Ces propositions sont encore insuffisantes. Si l'on se pénètre bien de l'esprit et des dispositions de l'art. 105 de l'acte constitutionnel, on concevra que la notification qui est demandée doit être étendue à toute la République. J'ajoute donc à la motion l'amendement de faire une adresse aux Français.

Le président rappelle que déjà le Conseil a notifié au Conseil des Cinq-cents, par un message, qu'il est réuni en majorité. Il rappelle ensuite les autres propositions.

Le Conseil arrête qu'il sera fait un message au Directoire exécutif, pour lui notifier que le Conseil est réuni en majorité dans la commune de Saint-Cloud.

La discussion s'engage sur la demande qu'il soit sursis à toute discussion jusqu'à la réponse du Conseil des Cinq-cents et du Directoire.

Un membre : Le Conseil des Anciens n'est pas forcé de s'assurer, avant de délibérer, que le Conseil des Cinq-cents est réuni dans le lieu où le Corps législatif a été transféré, ni que le Directoire s'y est rendu. La constitution interdit, aussitôt après le décret de translation, toute discussion dans le lieu où résidait auparavant le Corps législatif : elle veut que les assemblées primaires soient convoquées pour élire une nouvelle représentation nationale si, dans les vingt jours, la République n'est pas informée de la réunion du Corps législatif dans le nouveau lieu de ses séances ; mais elle s'arrête là, et elle n'interdit pas à celui des deux Conseils qui se trouve en majorité, de délibérer jusqu'à ce qu'il soit assuré que l'autre Conseil est également réuni, et que le Directoire est auprès du Corps législatif.

Quant à la proposition du dernier opinant, elle est indispensable. Le peuple, incertain, pourrait exécuter l'art. 105 de la constitution.

Je propose donc l'ordre du jour sur le sursis, et j'appuie la proposition de faire une proclamation aux Français, où je demande qu'on notifie à la République entière l'arrêté par lequel le Conseil des Anciens se déclare réuni en majorité.

Un autre membre : La constitution n'exige pas cette dernière mesure. Il suffit que la République sache, d'une manière quelconque, que le Corps législatif est réuni dans le lieu de sa translation, pour que l'article 105 ne puisse plus être exécuté. La première loi qui sera portée le lui apprendra.

Un troisième membre : Il n'y a point de doute qu'avant de délibérer, le Conseil des Anciens doit s'être assuré que le Conseil des Cinq-cents est présent. Le Conseil des Anciens n'est qu'une section du corps législatif : or, l'article 105 parle du Corps législatif tout entier. Il est encore certain que le Directoire exécutif doit se placer sans délai dans le lieu de la nouvelle résidence : l'article 71 de la constitution est précis à cet égard. Le Conseil des Anciens ayant usé de la faculté que lui donne l'acte constitutionnel, ou il n'y a plus de Directoire, ou il est ici.

J'appuie donc les propositions qui ont été faites, et j'y ajoute la proposition d'imprimer l'extrait du procès-verbal, après que la réunion de toutes les autorités sera certaine, et de l'envoyer à toutes les administrations.

Un quatrième membre : Le conseil n'est partagé d'opinion que parce qu'il cherche à se conformer avec une scrupuleuse exactitude aux dispositions de l'acte constitutionnel. Or, il me paraît que l'article 105 exige évidemment une proclamation au peuple français; mais il donne au Corps législatif vingt jours pour la faire : ce ne doit donc pas être là sa première opération. La proclamation peut être faite par chaque Conseil isolément; mais chaque Conseil aussi peut notifier à la République la réunion de tous les deux.

Il est indubitable que chaque Conseil doit surseoir aux délibérations qui ne peuvent être que l'ouvrage du Corps législatif réuni. Il peut cependant s'occuper jusque-là des actes intérieurs et de police pour lesquels le concours de l'autre Conseil n'est pas exigé. C'est dans ce sens qu'il convient de prononcer le sursis.

Un cinquième membre : J'appuie la notification à la République entière : mais comme l'article 106 n'en détermine pas la forme, je pense qu'elle se trouvera faite par le premier acte qui émanera du Corps législatif.

La voix de l'orateur est couverte par des murmures. On demande à aller aux voix.

Le président : Je ne mettrai rien aux voix jusqu'à ce que le calme soit rétabli et la liberté des opinions entière. J'emploirai tous mes moyens pour que le Conseil ne perde rien de sa dignité ordinaire.

L'orateur continue : Cependant, comme le membre qui m'a précédé, je veux une adresse; mais j'observerai qu'on est tombé dans l'erreur lorsqu'on a supposé que le Conseil avait vingt jours pour la faire : c'est dans ce terme qu'elle doit être publiée pour prévenir la convocation des assemblées primaires.

A l'égard du sursis de la séance, je distingue : s'il s'agit de la lever, on ne le peut pas ; s'il ne s'agit que de la suspendre, on le peut.

Le président, après avoir rappelé les diverses propositions, met aux voix l'amendement ajouté à celle du sursis, et qui consiste à ne suspendre les délibérations que pour les objets à l'égard desquels le concours des deux Conseils est nécessaire.

Cet amendement est écarté par l'ordre du jour.

Le Conseil prend l'arrêté suivant :

« Le Conseil des Anciens arrête qu'il surseoit à toute délibération, jusqu'à ce que le Conseil des Cinq-cents lui ait fait connaître, par un message, qu'il est réuni en majorité dans la commune de Saint-Cloud.

Le président donne lecture de la lettre suivante :

St.-Cloud, ce 19 brumaire an 8 de la République.

Le secrétaire-général du Directoire exécutif, au Conseil des Anciens.

Citoyen Président,

Le messager d'état que vous venez de charger des lois ci-jointes, me les a présentées : je n'ai pu les recevoir, parce que quatre membres du Directoire ayant donné leur démission, et le cinquième ayant été mis en surveillance par ordre du général en chef Bonaparte, chargé par le décret d'hier, de veiller à la sûreté du Corps législatif, il ne se trouve pas de Directoire.

La délibération est suspendue à quatre heures.
Une demi-heure après, le général Bonaparte entre.
Les membres reprennent leurs places.

Le général : Citoyens représentans, les circonstances où vous vous trouvez ne sont pas ordinaires : vous êtes sur un volcan.

Permettez-moi de vous parler avec la franchise d'un soldat; et pour échapper au piége qui vous est tendu, suspendez votre jugement jusqu'à ce que j'aie achevé.

Hier j'étais tranquille à Paris, lorsque vous m'avez appelé pour me notifier le décret de translation et me charger de l'exécuter. Aussitôt j'ai rassemblé mes camarades, nous avons volé à votre secours. Eh bien! aujourd'hui on m'abreuve déjà de calomnies. On parle de *César*; on parle de *Cromwell*; on parle de gouvernement militaire. Le gouvernement militaire! si je l'avais voulu, serais-je accouru prêter mon appui à la représentation nationale?

Citoyens représentans, les momens pressent; il est essentiel que vous preniez de promptes mesures La République n'a plus de gouvernement; quatre des directeurs ont donné leur démission; j'ai cru devoir mettre en surveillance le cinquième, en vertu du pouvoir dont vous m'avez investi. Le Conseil des Cinq-cents est divisé; il ne reste que le Conseil des Anciens. C'est de lui que je tiens mes pouvoirs : qu'il prenne des mesures; qu'il parle : me voilà pour exécuter. Sauvons la liberté! sauvons l'égalité!....

Une voix : Et la constitution.

La constitution! reprend *le général*; vous l'avez vous-même anéantie. Au 18 fructidor, vous l'avez violée; vous l'avez violée au 22 floréal; vous l'avez violée au 30 prairial. Elle n'obtient plus le respect de personne.

Je dirai tout.

Depuis mon retour, je n'ai cessé d'être entouré d'intrigues. Toutes les factions se sont pressées autour de moi pour me circonvenir. Et ces hommes qui se qualifient insolemment *les seuls patriotes*, sont venus me dire qu'il fallait écarter la constitution; et pour purifier les Conseils, ils me proposent d'en exclure des hommes amis sincères de la patrie. Voilà leur attachement pour la constitution! Alors j'ai craint pour la République. Je me suis uni à mes frères d'armes; nous sommes venus nous ranger autour de vous. Il n'y a pas de temps à perdre, que le Conseil des Anciens se prononce. Je ne suis point un intrigant; vous me connaissez; je crois avoir donné assez de gages de mon dévouement à ma patrie. Ceux qui vous parlent de la constitution savent bien que, violée à tous momens, déchirée à toutes les pages, la constitution n'existe plus. La souveraineté du peuple, la liberté, l'égalité, ces bases sacrées de la constitution demeurent encore : il faut les sauver. Si l'on entend par constitution ces principes sacrés, tous les droits qui appartiennent au peuple, tous ceux qui appartiennent à chaque citoyen, mes camarades et moi, nous sommes prêts à verser notre sang pour les défendre. Mais je ne prostituerai pas la dénomination d'acte constitutionnel, en l'appliquant à des dispositions purement réglementaires, qui n'offrent aucune garantie au citoyen.

Au reste, je déclare que, ceci fini, je ne serai plus rien dans la République que le bras qui soutiendra ce que vous aurez établi.

On demande la levée de la suspension de la séance.

Elle est prononcée.

Un membre. Vous venez de l'entendre. Qui dira maintenant qu'il n'y a pas de conspiration? Celui que vous avez couvert d'honneurs; celui à qui vous avez tant de fois prodigué les expressions de la reconnaissance nationale; celui qu'admire l'Europe entière, est là : c'est lui qui vous atteste l'existence de la conspiration.

Où est alors le crime de l'avoir prévenue par une conspiration plus sainte? Oui, je le déclare, je suis entré dans celle-ci. J'y suis entré, pressé par ma conscience. Je savais les propositions qu'on avait faites au général.

Je demande un comité général, et là je m'expliquerai avec plus d'étendue.

Cette proposition a été adoptée à l'unanimité.

Le général : Citoyens représentans, le Conseil des Cinq-cents est divisé : les chefs des factions en sont la cause. Les hommes de prairial, qui veulent ramener sur le sol de la liberté les échafauds et l'horrible régime de la terreur, s'entourent de leurs complices, et se préparent à exécuter leurs affreux projets. Déjà l'on blâme le Conseil des Anciens des mesures qu'il a prises, et de m'avoir investi de sa confiance. Pour moi, je n'en suis pas ébranlé. Tremblerai-je devant des factieux, moi que la coalition n'a pu détruire! Si je suis un perfide, soyez tous des Brutus. Et vous, mes camarades, qui m'accompagnez, vous, braves grenadiers que je vois autour de cette enceinte, que ces baïonnettes avec lesquelles nous avons triomphé ensemble, se tournent aussitôt contre mon cœur. Mais aussi, si quelque orateur soldé par l'étranger ose prononcer contre votre général les mots *hors la loi*, que le foudre de la guerre l'écrase à l'instant. Souvenez-vous que je marche accompagné du dieu de la guerre et du dieu de la fortune.

Je me retire...... vous allez délibérer. Ordonnez, et j'exécuterai.

Un membre. Pour répondre à ceux qui doutent de la conspiration, je demande l'impression du discours du général à trois exemplaires, c'est le *maximum* du nombre déterminé par votre arrêté.

Plusieurs voix au général. Nommez, nommez.

Le général. Chacun avait ses vues; chacun avait ses plans; chacun avait sa cotterie. Le citoyen Barras, le citoyen Moulin, avaient les leurs. Ils m'ont fait des propositions.....

Le comité général! crie-t-on de différentes parties de la salle.

Un membre. Il n'est plus besoin de comité général; la France entière doit connaître ce que nous voulons apprendre: nous serions les plus indignes des hommes, si nous ne prenions à l'instant toutes les mesures qui peuvent sauver la liberté et l'égalité. Général, achevez.

Un autre membre. Que le général continue, et je ferai ensuite des propositions; je demanderai que le Conseil adresse un message au Conseil des Cinq-cents pour savoir s'il veut proposer à l'instant les mesures de salut public que les circonstances réclament. Si le Conseil des cinq-cents s'y refuse, ce sera à nous de sauver seuls la patrie. Si, quand la liberté périt, tout citoyen est magistrat du salut public, à plus forte raison ceux qui sont déjà revêtus du caractère de la représentation nationale.

Que le général continue.

Un troisième membre. Je vois régner ici la plus grande agitation, alors qu'il faudrait le plus grand calme. Ne sommes-nous pas tous Français, tous républicains, tous représentans du peuple? La commission des inspecteurs n'a pas voulu nous donner des renseignemens sur la conspiration : cependant nous avons le plus grand intérêt de la connaître....

Le président. Arrêtez; je ne souffrirai pas qu'on calomnie mes collègues : la commission des inspecteurs n'a pas refusé les renseignemens qui lui ont été demandés; elle a cru seulement que ce n'était pas encore le moment de les produire.

L'orateur reprend. Je n'ai pas entendu inculper la commission ; je me réduis à demander que le Conseil se forme en comité général, que le général Bonaparte y soit admis, et que nous entendions de sa bouche les importantes révélations qu'il veut nous faire.

Le Conseil, consulté, accorde d'abord la priorité à la proposition de continuer la séance publique, et adopte ensuite cette proposition.

Le général. Depuis mon arrivée, tous les magistrats, tous les fonctionnaires avec qui je me suis entretenu, m'ont montré la conviction que la constitution, tant de fois violée, perpétuellement méconnue, est sur le penchant de sa ruine ; qu'elle n'offre pas de garantie aux Français, parce qu'elle n'a pas de diapason. Toutes les factions en sont persuadées; toutes se disposent à profiter de la chûte du gouvernement actuel; toutes sont venues à moi; toutes ont voulu m'attacher à elles; j'ai cru ne devoir m'unir qu'au Conseil des Anciens, le premier corps de la République. Je lui répète qu'il ne peut prendre de trop promptes mesures, s'il veut arrêter le mouvement qui, dans un moment peut-être, va tuer la liberté.

Recueillez-vous, citoyens représentans ; je viens de vous dire des vérités que chacun s'est jusqu'ici confiées à l'oreille, mais que quelqu'un doit avoir enfin le courage de dire tout haut. Les moyens de sauver la patrie sont dans vos mains. Si vous hésitez à en faire usage, si la liberté périt, vous en serez comptables envers l'univers, la postérité, la France et vos familles.

Le général sort.

Le Conseil des Cinq-cents envoie l'arrêté suivant :

Extrait du procès-verbal des séances du Conseil des Cinq-cents.

Du 19 brumaire, l'an huitième de la République française, une et indivisible.

« Le Conseil des Cinq-cents déclare qu'il est réuni en majorité dans la commune de Saint-Cloud, au lieu désigné par le décret du Conseil des Anciens, en date du 18 du présent mois de brumaire, et arrête que la présente déclaration sera à l'instant portée au Conseil des Anciens par un messager d'état.

« *Signé* L. BONAPARTE, *président*; Emile Gaudin, Barra (des Ardennes), *secrétaires.* »

Un membre entrant avec précipitation dans la salle. On organise un mouvement dans Paris; des chefs de factieux viennent de partir du Conseil des Cinq-cents pour l'accélérer.

Les membres du Conseil. Nous y résisterons.

Un membre. Je ne viens point discuter à cette tribune, je viens y énoncer avec liberté mes sentimens.

Les dangers sont grands : il vous appartient d'être plus grands que les dangers. Je révère les vertus, les grandes qualités du général Bonaparte; je partage l'admiration et la reconnaissance qu'il a inspirées à la nation entière, l'admiration qu'il commande au monde : et c'est parce que je le respecte que je crois que je puis exprimer librement mon opinion.

La constitution a été constamment violée, je le sais : le 18 fructidor a creusé son tombeau. Je n'ai pas pris part aux outrages qu'elle a reçus; et quelle que doive être ma destinée, la France saura que j'ai traversé la révolution avec une ame pure; que si je pouvais sauver mon pays, je le sauverais.

Les maux sont grands, je l'avoue : ils ne sont pas sans remèdes; mais ces remèdes n'existent que dans les mesures que prendra le Corps législatif tout entier. On peut nommer à l'instant un Directoire qui secondera notre énergie. Toute mesure désavouée par la constitution ne ferait qu'accroître les dangers.

Je fais la motion que chaque membre renouvelle d'abord le serment à la constitution de l'an 3, et je le prête de nouveau moi-même.

Un autre membre. Je vous conjure, représentans du peuple, de ne plus vous enchaîner à de simples principes, à des abstractions métaphysiques. Qu'entend-on par la constitution de l'an 3 ? Si ce sont ses principes sur la liberté, l'égalité, le gouvernement représentatif, la division et l'indépendance des pouvoirs, je les adopte : je mourrais pour les soutenir. Mais au nom de la liberté, gardons-nous de rétablir un Directoire tyrannique qui tue la liberté, qui fait gémir l'humanité entière. Vous l'avez vu mutiler avec audace la représentation nationale, arracher de vos côtés cent cinquante de vos collègues, en envoyer plusieurs périr sur les sables brûlans de l'Afrique. Au 22 floréal an 6, n'a-t il pas fallu encore déférer à ses ordres souverains, et fermer la porte des Conseils aux envoyés du peuple ? Non cependant que je prétende que la journée du 18 fructidor an 5 et celle du 22 floréal an 6 ne soient premièrement le crime : celle-là, du royalisme, qui était parvenu à faire entrer quelques délégués dans le Corps législatif; celle-ci, de la démagogie, qui avait facilement embrassé les assemblées d'élection par l'image du succès contre-révolutionnaire obtenu dans ces assemblées en l'an 5. Mais ces journées, combinées par la violence, n'en furent pas moins des outrages envers la majesté du peuple. Et ce serait là un pouvoir national ! Rappelez-vous encore qu'au 27 prairial, vous avez été contraints de vous insurger contre ce Directoire. Non, la puissance exécutrice des lois ne peut plus même exister désormais sous le nom de *Directoire*, nom qui ne peut plus se trouver dans le code de la liberté. Plus d'abstraction, je le répète; revenons au bon sens. Il nous dira qu'un pouvoir exécutif est essentiellement vicieux, lorsque son organisation est telle qu'il peut impunément déchirer la représentation nationale; lorsque, pour lui résister, la représentation nationale elle-même est forcée de recourir à des moyens extraordinaires. Je veux un pouvoir exécutif mieux organisé; je veux aussi un pouvoir législatif qui en soit séparé. C'est au nom de la souveraineté du peuple que j'invoque l'ordre du jour sur le serment proposé. Il n'y a d'excuse à cette multitude de sermens que vous avez faits, que dans la nécessité où l'on nous avait mis de les faire ou de devenir les victimes d'une nouvelle mutilation.

Je demande aussi que la dénonciation du général Bonaparte soit transmise au Conseil des Cinq-cents par un message.

Un troisième membre. Le 1er. vendémiaire j'ai fait serment de maintenir la constitution de l'an 3, moi qui n'ai jamais proposé aucune de ces mesures par lesquelles on l'a violée. J'ai fait ce serment sur la motion du membre qui nous préside aujourd'hui ; c'est lui qui a fait placer au milieu de nous le livre de la constitution : ce serment, je veux le prêter encore. Si nous en sommes au point que les constitutionnels de l'an 3 soient regardés comme une faction, je suis de cette faction, j'en conviens, et j'en serais encore quand seul j'y demeurerais. Je manquerais au peuple qui m'a confié le dépôt de la constitution, si je l'abandonnais. C'est dans la constitution elle-même qu'il faut puiser les moyens de corriger les vices que peut y faire découvrir l'expérience.

Je vote pour la prestation du serment, et je le renouvelle moi-même.

Le président cède le fauteuil au citoyen Cornudet, ex-président, et monte à la tribune.

Au moment où il allait commencer son discours, un membre entre tout ému ; et montant à la tribune, il dit :

Le général Bonaparte vient de me déclarer qu'il s'était rendu au Conseil des Cinq-cents ; savez-vous comment il a été accueilli?.... Par des poignards. Le plus acharné de ses assassins était *Aréna* son compatriote et son ennemi, parce que le général a porté la lumière dans les marchés scandaleux, dans les dilapidations qui devaient enrichir Aréna. Le général demande que, comme hier, vous preniez une généreuse initiative; on organise un mouvement; le moindre retard serait funeste. Je propose au Conseil de se former en comité général ; là j'en dirai davantage.

On réclame vivement le comité général.

Le président. Notre collègue a la parole; je mettrai ensuite aux voix la proposition.

Le membre qui était à la tribune. Je crois avoir donné quelques preuves d'attachement à la constitution de l'an 3, et de courage à la défendre; toute la France sait que je lui fis élever un autel dans le sanctuaire des lois, au moment où il était à peine permis de l'invoquer et d'en parler. J'avoue qu'un des plus puissans motifs de cette détermination fut de sauver la République des dangers imminens de la résurrection, soit de la charte monstrueuse de 91, soit du code sanguinaire de 93; et l'attitude que prit le Conseil des Anciens, à partir de cette époque, a préservé la France des déchiremens dont elle était menacée. Aujourd'hui, je porte au pacte social la même vénération : mais je déclare qu'elle n'est point un asservissement judaïque, littéral, à quelques articles réglementaires qui (de l'aveu de tous les partis) l'entravent, l'énervent et le tuent ; mais ce respect est fondé sur les principes éternels qui lui servent de base : la souveraineté du peuple, l'unité, l'indivisibilité de la République, la division et l'indépendance des pouvoirs, la liberté de parler et d'écrire, le maintien des droits des citoyens ; c'est dans l'ensemble de ces principes sacrés, et non dans quelques mots, que consiste véritablement, essentiellement, cette constitution pour laquelle j'ai juré et proteste encore de sacrifier tous mes moyens, ma fortune et ma vie.....

On entend un mouvement violent dans la cour du château et dans les alentours de la salle.

Le Conseil demeure calme, aucun membre ne quitte sa place.

L'orateur continue : J'appuie la proposition du dernier opinant pour la formation d'un comité secret où le Conseil s'occupera des moyens de sauver la liberté.

Le Conseil ordonne l'impression du discours, et se forme en comité général.

Environ une demi-heure après, le comité général est interrompu par l'arrivée d'un membre du Conseil des Cinq-cents, et par le président de ce Conseil. L'un et l'autre sont introduits, et la séance redevient publique.

Le membre du Conseil des Cinq-cents. La force armée vient de s'introduire dans le Conseil des Cinq-cents : elle a outragé la représentation nationale. Le Conseil des Cinq-cents est dissous. J'ai pénétré jusqu'au Conseil des Anciens pour lui rendre compte de ces faits, et l'inviter à prendre des mesures.

Le président du Conseil des Cinq-cents. Citoyens représentans, on vous en impose. Cette force armée, que l'on vous dit avoir outragé la représentation nationale, ne consistait que dans quelques grenadiers qui suivaient leur capitaine. Leur présence a opéré un mouvement dans le Conseil. Appellerez-vous représentans des assassins armés de poignards ? Ils se précipitaient sur moi ; aidés de leurs complices, qui occupaient les tribunes, ils voulaient, les cannibales ! me forcer de prononcer la mise hors la loi de mon frère. Une poignée de factieux tyrannise encore le Conseil des Cinq-cents ; mais sa majorité adhère au Conseil des Anciens et à sa sagesse.

Un autre membre du Conseil des Cinq-cents se disposait à parler.

Un membre. Je demande qu'on n'entende, dans ce Conseil, que les orateurs qui en sont membre.

Cette proposition est adoptée.

Un membre demande la parole au nom de la commission formée pendant la tenue du comité général et secret.

Le Conseil des Anciens, dit-il, reste donc la providence de la nation. Il est, par le fait, toute la représentation nationale; c'est donc à lui qu'il appartient de pourvoir au salut de la patrie et de la liberté, puisque seul il en a le pouvoir.

Il n'existe plus de pouvoir exécutif; car l'autorité militaire n'est qu'un moyen du pouvoir exécutif essentiellement civil.

Le rapporteur termine en proposant le projet de décret suivant :

« Le Conseil des Anciens, attendu la retraite du Conseil des Cinq-cents, décrète ce qui suit :

« Quatre des membres du Directoire exécutif ayant donné leur démission, et le cinquième étant mis en surveillance, il sera nommé une commission exécutive provisoire, composée de trois membres.

« Le Corps législatif est ajourné au premier nivose prochain, époque à laquelle il se réunira de droit, et sans autre convocation, dans la commune de Paris.

« Il sera formé une commission intermédiaire prise dans le Conseil des Anciens, seul existant, pour conserver les droits de la représentation nationale pendant cet ajournement.

« La commission intermédiaire demeure autorisée à convoquer le Corps législatif plus tôt, si elle le juge convenable.

« La séance est suspendue jusqu'à neuf heures du soir.

« A la reprise de la séance, le Conseil s'occupera de l'exécution des présentes mesures. »

Un membre de la commission. Les propositions qui vous sont présentées n'ont pas été délibérées par la commission; elles ne sont que l'opinion personnelle du rapporteur.

Un autre membre. C'est dans la galerie même que la commission s'est réunie. Un seul de nos collègues ne s'y est pas trouvé, et c'est bien au nom de la majorité que le rapporteur a présenté le projet dont il a fait lecture; car il est le vœu de trois d'entre nous.

Le projet est adopté.

Le Conseil suspend sa séance jusqu'à neuf heures.

A neuf heures la séance est reprise.

L'administration centrale du département du Golo adresse au Conseil le procès-verbal de la fête funéraire qu'elle a fait célébrer pour honorer la mémoire du représentant du peuple Pompeï.

Le Conseil ordonne la mention au procès-verbal et le dépôt à la bibliothèque du Corps législatif.

La commission formée dans la séance du 8 brumaire, pour examiner la résolution portant qu'il sera prélevé par forme d'emprunt, sur les contributions arriérées, une somme de cinquante millions, fait son rapport.

D'après son avis, le décret suivant est rendu :

« Le Conseil des Anciens, adoptant les motifs d'urgence exprimés dans le préambule de la résolution, approuve l'acte d'urgence. »

Le rapporteur établit que la résolution, si elle était érigée en loi, consacrerait la plus criante violation de la foi publique; qu'elle porterait la plus cruelle atteinte, non pas au crédit national, mortellement blessé par tant de lois imprévoyantes et désastreuses, mais à l'honneur du Conseil des Anciens, qui veut relever ce crédit sur la base des principes et de la loyauté.

Le Conseil ordonne l'impression du rapport, et rend le décret suivant :

« Après une seconde lecture, le Conseil des Anciens ne peut adopter la résolution (1). »

Le Conseil des Cinq-cents envoie une résolution expédiée dans la forme d'urgence.

Lecture faite du préambule par le président, et de la résolution par un secrétaire, le décret suivant est rendu :

« Le Conseil des Anciens, adoptant les motifs d'urgence exprimés dans le préambule de la résolution, approuve l'acte d'urgence. »

Suit la teneur de l'acte d'urgence et de la résolution :

Extrait du procès-verbal des séances du Conseil des Cinq-cents.

Du 19 brumaire, l'an huitième de la République française, une et indivisible.

« Le Conseil des Cinq-cents, considérant que le général Bonaparte, les généraux et l'armée sous ses ordres, ont sauvé la majorité du Corps législatif et la République, attaquée par une minorité composée d'assassins;

---

(1) Voyez la séance du 8 brumaire.

« Considérant qu'il est instant de leur témoigner la reconnaissance nationale,

« Déclare qu'il y a urgence.

« Et, après avoir déclaré l'urgence, le Conseil prend la résolution suivante :

« Le général Bonaparte, les généraux Lefèvre, Murat, Gardanne, les autres officiers-généraux et particuliers, dont les noms seront proclamés; les grenadiers du Corps législatif et du Directoire exécutif, les sixième, soixante-dix-neuvième, quatre-vingt-sixième de ligne; les huitième et neuvième de dragons, le vingt-unième de chasseurs à cheval, et les grenadiers qui ont couvert le général Bonaparte de leurs corps et de leurs armes, ont bien mérité de la patrie.

« La présente sera imprimée; elle sera envoyée aux armées, au Conseil des Anciens, par un messager d'état.

« *Signé*, L. BONAPARTE, *président*; Emile Gaudin, Bara (des Ardennes), *secrétaires*. »

« Après une seconde lecture, le Conseil des Anciens approuve la résolution. »

La commission formée dans la séance du 14 vendémiaire, pour examiner la résolution qui établit un octroi municipal à Pontivy, fait son rapport.

D'après son avis, le décret suivant est rendu :

« Le Conseil des Anciens, adoptant les motifs d'urgence exprimés dans le préambule de la résolution, approuve l'acte d'urgence. »

La commission propose au Conseil de l'approuver.

La résolution est purgée des vices qui ont fait rejeter la première.

« Après une seconde lecture, le Conseil des Anciens approuve la résolution (1). »

Le Conseil des Cinq-cents envoie deux résolutions expédiées dans la forme d'urgence.

Lecture faite du préambule de la première par le président, et de la résolution par un secrétaire, le décret suivant est rendu :

« Le Conseil des Anciens, adoptant les motifs d'urgence exprimés dans le préambule de la résolution, approuve l'acte d'urgence. »

Suit la teneur de l'acte d'urgence et de la résolution.

---

(1) Voyez la séance du 14 vendémiaire.

Extrait du procès-verbal des séances du Conseil des Cinq-cents.

Du 19 brumaire l'an huitième de la République française, une et indivisible.

« Le Conseil des Cinq-cents, considérant la situation de la République,

« Déclare l'urgence, et prend la résolution suivante :

« Art. 1er. Il n'y a plus de Directoire ; et ne sont plus membres de la représentation nationale, pour les excès et les attentats auxquels ils se sont constamment portés, et notamment le plus grand nombre d'entre eux, dans la séance de ce matin, les individus ci-après nommés.........
(soixante-un membres.)

« 2. Le Corps législatif crée provisoirement une commission consulaire exécutive, composée des citoyens Sieyes, Roger-Ducos, ex-directeurs, et Bonaparte, général, qui porteront le nom de *Consuls de la République française.*

« 3. Cette commission est investie de la plénitude du pouvoir directorial, et spécialement chargée d'organiser l'ordre dans toutes les parties de l'administration, de rétablir la tranquillité intérieure, et de procurer une paix honorable et solide.

« 4. Elle est autorisée à envoyer des délégués, avec un pouvoir déterminé, et dans les limites du sien.

« 5. Le Corps législatif s'ajourne au 1.er ventose prochain ; il se réunira de plein droit à cette époque, à Paris, dans ses palais.

« 6. Pendant l'ajournement du Corps législatif, les membres ajournés conservent leur indemnité et leur garantie constitutionnelle.

« 7. Ils peuvent, sans perdre leur qualité de représentans du peuple, être employés comme ministres, agens diplomatiques, délégués de la Commission consulaire exécutive, et dans toutes les autres fonctions civiles. Ils sont même invités, au nom du bien public, à les accepter.

« 8. Avant sa séparation, et séance tenante, chaque Conseil nommera dans son sein une commission composée de vingt-cinq membres.

« 9. Les commissions nommées par les deux Conseils statueront, avec la proposition formelle et nécessaire de la commission consulaire exécutive, sur tous les objets urgens de police, de législation et de finances.

» 10. La commission des Cinq-cents exercera l'initiative; la commission des Anciens, l'approbation.

» 11. Les deux commissions sont encore chargées de préparer, dans le même ordre de travail et de concours, les changemens à apporter aux dispositions organiques de la constitution, dont l'expérience a fait sentir les vices et les inconvéniens.

« 12. Ces changemens ne peuvent avoir pour but que de consolider, garantir et consacrer inviolablement la souveraineté du peuple français, la République une et indivisible, le système représentatif, la division des pouvoirs, la liberté, l'égalité, la sûreté et la propriété.

» 13. La commission consulaire exécutive pourra leur présenter ses vues à cet égard.

» 14. Enfin, les deux commissions sont chargées de préparer un code civil.

» 15. Elles siégeront à Paris dans les palais du Corps législatif; et elles pourront le convoquer extraordinairement pour la ratification de la paix, ou dans un grand danger public.

» 16. La présente sera imprimée, envoyée par des courriers extraordinaires dans les départemens, et solennellement publiée et affichée dans toutes les communes de la République.

« Elle sera portée sur-le-champ au Conseil des Anciens par un messager d'état.

» *Signé*, L. BONAPARTE, *président*; Emile Gaudin, Bara (des Ardennes), *secrétaires.* »

On demande à aller aux voix sur la résolution.

Un membre. Tous les membres désignés pour le consulat ont ma confiance; j'ai donné mon suffrage à deux d'entre eux; mais en public et en comité général, j'ai déclaré que je ne voterais pour aucune mesure qui porterait atteinte à la constitution : je respecterai néanmoins la décision de la majorité.

L'ajournement qu'on propose ne blesse pas la constitution; mais l'article 45 est violé par la disposition qui établit des commissions intermédiaires.

Je vote contre la résolution.

On réclame la mise aux voix.

Un membre. Je n'entends pas embrasser la défense des membres que la résolution écarte du Corps législatif, mais je demande qu'ils soient entendus.

Le décret suivant est rendu :

« Après une seconde lecture, le Conseil des Anciens approuve la résolution. »

Sur la proposition d'*un membre*, le Conseil rapporte le décret rendu à l'issue du comité général.

Lecture faite du préambule de la seconde résolution par le président, et de la résolution par un secrétaire, le décret suivant est rendu :

« Le Conseil des Anciens, adoptant les motifs d'urgence exprimés dans le préambule de la résolution, approuve l'acte d'urgence. »

Suit la teneur du préambule de la résolution.

Extrait du procès-verbal des séances du Conseil des Cinq-cents.

Du 19 brumaire, l'an huitième de la République française, une et indivisible.

« Le Conseil des Cinq-cents, considérant l'état où se trouve, dans ce moment, la République, décrète avec urgence qu'il sera fait une proclamation dont la teneur suit :

« AU PEUPLE FRANÇAIS.

« Français,

« La République vient encore une fois d'échapper aux fureurs des factieux. Vos fidèles représentans ont brisé le poignard dans ces mains parricides : mais après avoir détourné les coups dont vous étiez immédiatement menacés, ils ont senti qu'il fallait enfin prévenir pour toujours ces éternelles agitations; et ne prenant conseil que de leur devoir et de leur courage, ils osent dire qu'ils se sont montrés dignes de vous.

« Français ! votre liberté, toute déchirée, toute sanglante encore des atteintes du gouvernement révolutionnaire, venait de chercher un asile dans les bras d'une constitution qui lui promettait du moins quelque repos. Le besoin de ce repos était alors généralement senti : il restait une terreur profonde dans toutes les ames, des crises dont vous sortiez à peine. Votre gloire militaire pouvait effacer les plus gigantesques souvenirs de l'antiquité; dans l'étonnement et l'admiration, les peuples de l'Europe tressaillaient de votre gloire et bénissaient secrètement le but de tous vos exploits; enfin vos ennemis vous demandaient la paix; tout, en un mot, semblait se réunir pour vous assurer enfin la jouissance tranquille de la liberté et du bonheur; le bonheur, et la liberté qui peut seul le garantir, semblaient enfin prêts à payer dignement tant de généreux efforts.

« Mais des hommes séditieux ont attaqué sans cesse avec audace les parties faibles de votre constitution; ils ont habilement saisi celles qui pouvaient prêter à des commotions nouvelles. Le régime constitutionnel n'a bientôt plus été qu'une suite de révolutions dans tous les sens, dont les différens partis se sont successivement emparés : ceux mêmes qui voulaient le plus sincèrement le maintien de cette constitution, ont été forcés de la violer à chaque instant pour l'empêcher de périr. De cet état d'instabilité du gouvernement, est résultée l'instabilité plus grande encore dans la législation; et les droits les plus sacrés de l'homme social ont été livrés à tous les caprices des factions et des événemens.

« Il est temps de mettre un terme à ces orages; il est temps de donner des garanties solides à la liberté des citoyens, à la souveraineté du peuple, à l'indépendance des pouvoirs constitutionnels, à la République enfin, dont le nom n'a servi que trop souvent à consacrer la violation de tous les principes : il est temps que la grande nation ait un gouvernement digne d'elle, un gouvernement ferme et sage, qui puisse vous donner une prompte et solide paix, et vous faire jouir d'un bonheur véritable.

« Français, telles sont les vues qui ont dicté les énergiques déterminations du Corps législatif.

« Afin d'arriver plus rapidement à la réorganisation définitive et complète de toutes les parties de l'établissement public, un gouvernement provisoire est institué : il est revêtu d'une force suffisante pour faire respecter les lois, pour protéger les citoyens paisibles, pour comprimer tous les conspirateurs et les malveillans.

« Le royalisme ne relevera point la tête; les traces hideuses du gouvernement révolutionnaire seront effacées :

la République et la liberté cesseront d'être de vains noms : une ère nouvelle va commencer.

« Français, ralliez-vous autour de vos magistrats. Il ne se ralentira point le zèle de ceux qui ont osé concevoir pour vous de si belles et de si grandes espérances : c'est maintenant de votre confiance, de votre union, de votre sagesse, que dépend tout le succès.

« Soldats de la liberté, vous fermerez l'oreille à toute insinuation perfide : vous poursuivrez le cours de vos victoires ; vous acheverez la conquête de la paix, pour revenir bientôt, au milieu de vos frères, jouir de tous les biens que vous leur aurez assurés, et recevoir de la reconnaissance publique les honneurs et les récompenses réservées à vos glorieux travaux. *Vive la République !*

» La présente proclamation sera imprimée et affichée dans toutes les communes, et envoyée aux armées.

« *Signé*, L. BONAPARTE, *président*; Emile Gaudin, Bara (des Ardennes), *secrétaires.* »

« Après une seconde lecture, le Conseil des Anciens approuve la résolution. »

On procède au scrutin pour la nomination de la commission législative intermédiaire, créée par l'article 8 de la loi.

Pendant le dépouillement du scrutin, les trois consuls sont introduits.

Le président leur fait donner lecture de la loi qui les nomme.

Ils prêtent le serment ainsi qu'il suit :

« Je jure fidélité à la République une et indivisible, à « la liberté, à l'égalité, et au système représentatif. »

Le président reprend la parole, et dit :

« CITOYENS CONSULS,

« Le Conseil des Anciens voit en vous les plus chères espérances de la République ! Quel succès n'a-t-elle pas lieu d'attendre d'un aussi heureux ensemble de lumières, de mœurs et de patriotisme ! Pour donner à tous les Français l'exemple du sentiment qui doit le plus efficacement contribuer à leur bonheur, venez recevoir du Conseil des Anciens, dans les embrassemens de son président, un nouveau témoignage de sa confiance, de son estime, et du désir qu'il a de concourir avec vous au salut de la patrie !

« *Vive la République !* »

Les consuls montent au bureau et embrassent le président. Ils se retirent.

On continue le dépouillement du scrutin.

Un membre. Il est possible que les membres qui vont être nommés refusent, ou que le consulat les charge d'une mission. Il convient donc de conserver les noms de ceux qui auront obtenu le plus de voix après les membres appelés à former la commission.

Un autre membre. La loi ne donne au consulat le droit de nommer que les représentans du peuple qui ne feront pas partie des commissions.

Le président observe que la totalité de la liste sera imprimée.

Le résultat du scrutin désigne, pour former la commission intermédiaire, les membres. . . . . .

Le président les proclame.

La séance est levée le 20 brumaire à cinq heures du matin, et indiquée au palais des Tuileries le premier ventôse prochain.

Signé, LEMERCIER, *président du Conseil des Anciens;* LEBRUN, *président de la Commission législative intermédiaire du Conseil des Anciens;* FARGUES, CAILLEMER, *secrétaires.*

FIN.

LIVRES

Qui se trouvent chez BARROIS, *l'aîné, Libraire, rue de Seine, faubourg St.-Germain.*

Du Régime municipal et de l'Administration de Département, avec cette épigraphe :
La Démocratie bien entendue n'ôte rien au pouvoir.
In-8. 4 fr., par la poste. 5 fr.
M. GUILLAUME DE VAUDONCOURT. Mémoires pour servir à l'histoire de la guerre entre la France et la Russie, en 1812, avec un atlas miltaire, 2 vol. in-4. 25 fr.
Les mêmes, 2 vol. in-4., pap. vél., fig. col. 75 fr.
—Histoire de la guerre, soutenue par les Français en Allemagne, en 1813, avec un atl. mil., 2 vol. in-4. 25 fr.
Le même, pap. vélin, fig. col. 2 vol. in-4. 75 fr.
des campagnes, d'Italie, en 1813 et 1814, avec un atlas litographié, 2 vol. in-4. 21 fr.
— Histoire des Campagnes d'Annibal en Italie, pendant la seconde guerre punique, 4 vol. in-4°. 73 fr.
Histoire critique et raisonnée de la situation de l'Angleterre, au premier janvier 1816, sous les rapports de ses finances, de son agriculture, de ses manufactures, de son commerce et de sa navigation, de sa constitution et de ses lois, et de sa politique extérieure ; par M. de Montvéran, 3 vol. in-8. 21 fr.
Les mêmes, papier vélin. 42 fr.
Les T. 4 et 5, qui complètent cet ouvrage, sont sous presse.
M. SIEYES. Essai sur les privilèges, in-8. 1 fr. 50 c.
—Qu'est-ce que le Tiers-Etat? in-8. 3 fr.
—Vues sur les moyens d'exécution, in-8. 3 fr.
Aphorismes politiques, trad. de l'anglais de Harrington, in-12. 2 fr. 50 c.
Christianisme raisonnable, par Locke, 2 vol. in-8. 6 fr.
D'Argenson. Considérations sur le gouvernement de France, in-8. 3 fr.
—Loisirs d'un ministre, 2 vol. in-8. 5 fr.
Des Partis et des Factions, et de la prétendue Aristocratie d'aujourd'hui, par M. Lacretelle aîné, in-8. 1 fr.
Dissertation sur l'union de la religion, de la morale et de la politique; trad. de l'angl. de Warburton, 2 vol. in-12. 6 fr.
Droit de la guerre et de la paix, par Grotius, traduit par Barbeyrac, 2 vol. in-4. 25 fr.
Droit de la nature et des gens, par Puffendorf, traduit par Barbeyrac, 2 vol. in-4. 25 fr.
Droit des gens, ou Principes de la loi naturelle, par de Vattel, 1774, 2 vol. in-4. 15 fr.
Essai philosophique sur le Monachisme, par Linguet, in-12. 2 fr.
—sur l'esprit de la législation favorable à l'agriculture, à la population et au commerce, 2 vol. in-8. 9 fr
Félicité publique, par Chastelux, 2 vol. in-8. 10 f.

Forbonnais. Elémens du commerce, 2 vol. in-12. 4 fr.
—Recherches et Considérations sur les finances de France, 2 vol. in-4. 20 fr.
 Les mêmes, 6 vol. in-12. 15 fr.
Holbach. De la cruauté religieuse, in-8. 5 fr.
—Morale universelle, ou les Devoirs de l'homme fondés sur la nature, 3 vol. in-8. 12 fr.
 La même, in-4. 10 fr.
—Politique naturelle ou Discours sur les vrais principes du gouvernement, 2 vol. in-8. 8 fr.
—Système social, 3 vol. in-8. 13 fr. 50 c.
Institutions politiques, par Bielfeld, 3 vol. in-8. 25 fr.
Intérêts des nations développés relativement au commerce, 2 vol. in-4. 18 fr.
Lettres sur les Confessions de J.-J. Rousseau, par Ginguené, in-8. 2 fr.
—sur l'esprit de patriotisme, par Bolingbroke, in-8. 2 f. 50 c.
Mably. Etude de l'histoire, in-12. 2 f. 50 c.
—Droit public, fondé sur les traités, 3 v. in-12. 7 f. 50 c.
—de la Législation ou Principes des lois, in-12. 2 f. 50 c.
— Manière d'écrire l'histoire, in-12. 2 fr. 50 c.
—Observations sur le gouvernement et les lois des Etats-Unis, in-12. 2 fr.
—Observations sur l'histoire de France, 6 v. in-12. 15 f.
—Principes des négociations, in-12. 2 f. 50 c.
Maximes du droit public français, tirées des capitulaires, des ordonnances et des autres monumens de l'histoire de France, in-4. 10 fr.
 Les mêmes, 6 vol. in-12. 10 fr.
Maximes du gouvernement monarchique, par Dubuat; 4 vol. in-8. 18 fr.
Mirabeau père. Ami des hommes, 6 vol. in-8. 15 fr.
—Les économiques, in-4. 7 fr. 50 c.
—Lettres sur la législation, ou l'Ordre légal dépravé, rétabli et perpétué, 3 v. in-12. 7 f. 50 c.
—Théorie de l'impôt, in-4. 6 fr.
Œuvres de Turgot, ministre d'état, 9 vol. in-8. 45 fr.
Petite revue de l'ouvrage de M. Delamalle, ayant pour titre : Essai d'institution oratoire, à l'usage de ceux qui se destinent au barreau, par un bachelier ès-lois, en vacances, in-8. 3 fr.
Ordre naturel et essentiel des Sociétés politiques, par Mercier de la Rivière, 2 vol. in-12. 5 fr.
 Le même, in-4. 10 fr.
Philosophie de la guerre, ext. de Lloydd, in-18. 2 fr.
 La même, papier vélin, in-18. 3 fr.
Principes de tout gouvernement, 2 vol. in-12. 5 fr.
Principes du droit naturel, par Burlamaqui, in-8. 5 fr.

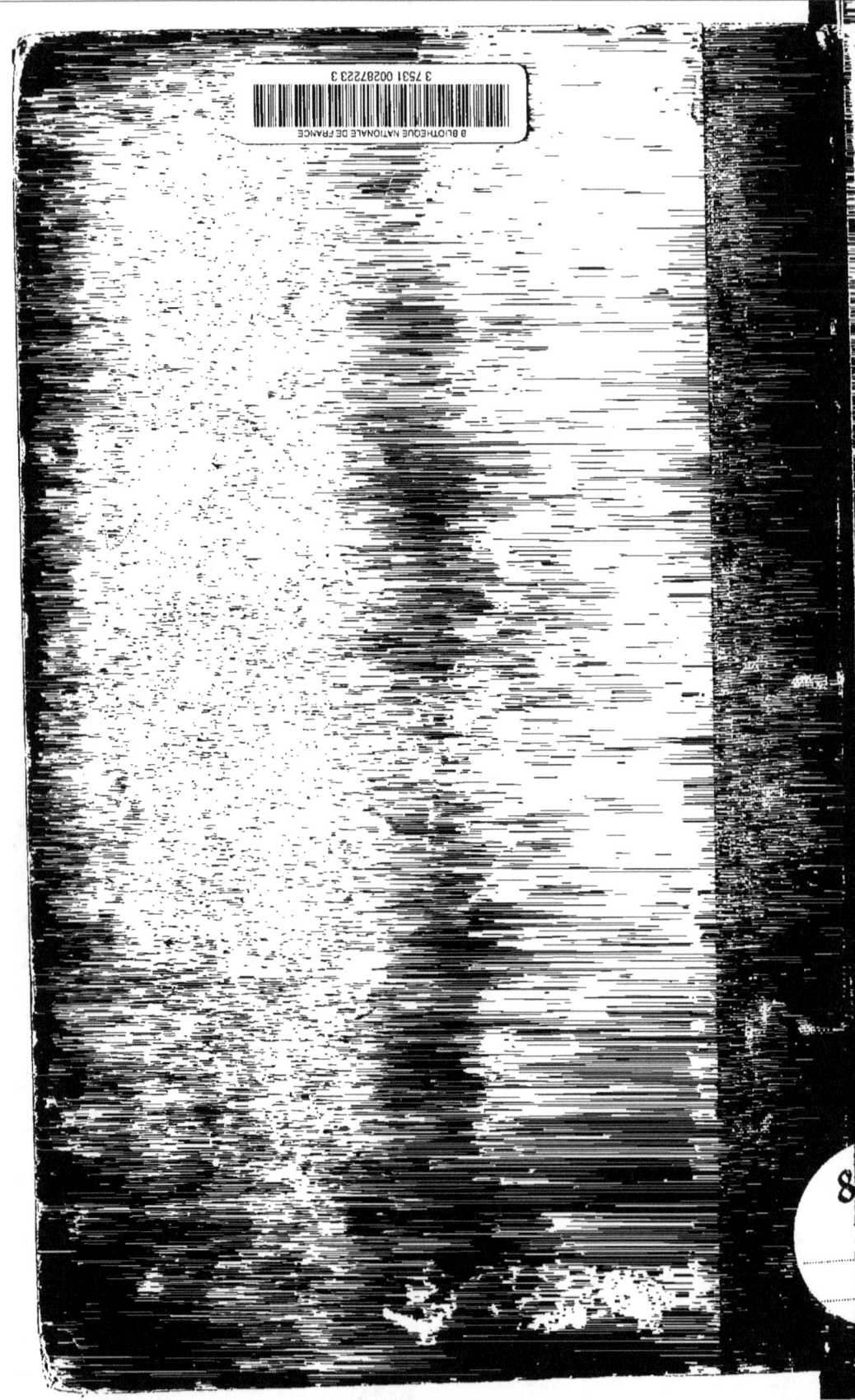

www.ingramcontent.com/pod-product-compliance
Lightning Source LLC
Chambersburg PA
CBHW070237100426
42743CB00011B/2086